事业单位预算管理优化与突破探究

孙勇 著

经济日报 出版社

北京

图书在版编目 (CIP) 数据

事业单位预算管理优化与突破探究 / 孙勇著.

北京 : 经济日报出版社, 2025.6.

ISBN 978-7-5196-1582-6

Ⅰ . F812.3

中国国家版本馆 CIP 数据核字第 2025UB9767 号

事业单位预算管理优化与突破探究

SHIYE DANWEI YUSUAN GUANLI YOUHUA YU TUPO TANJIU

孙勇　著

出版发行 : 经济日报出版社

地　　址 : 北京市西城区白纸坊东街 2 号院 6 号楼

邮　　编 : 100054

经　　销 : 全国各地新华书店

印　　刷 : 武汉怡皓佳印务有限公司

开　　本 : 710mm×1000mm　1/16

印　　张 : 12.75

字　　数 : 201 千字

版　　次 : 2025 年 6 月第 1 版

印　　次 : 2025 年 6 月第 1 次印刷

定　　价 : 72.00 元

目 录

目录

第一章

事业单位预算管理概述

第一节　事业单位预算管理的定义与特点

一、定义

事业单位预算管理是指事业单位在战略目标和年度计划的指导下，对未来的财务收支活动进行预测、规划、控制和评价的管理过程。通过编制、执行、监控和调整预算，事业单位可以实现对资源的有效配置和利用，保障各项事业任务的顺利完成。

二、特点

（一）政策性强

事业单位预算管理因其对财政拨款的高度依赖性，呈现出显著的政策驱动特性，这与一般组织预算管理存在本质差异。其管理全流程必须严格嵌入国家相关法规框架，确保公共资金使用的合法性与公益性。从以下三个维度解析其在政策约束下的管理逻辑。

1. 人员经费配置的政策刚性约束

国家通过系统化的工资福利政策体系，构建了事业单位人员经费配置的刚性框架。该体系涵盖职级工资标准、津贴补贴目录、社保公积金缴交规范等核心模块，形成"三位一体"的政策网络。以科研人员薪酬体系为例，基本工资需严格对应国家制定的岗位等级与职称序列标准，地区附加津贴需符合区域性政策参数，社保缴费比例及基数必须执行属地化政策规定。任何突破政策边界的薪酬设计，不仅会导致预算失效，更将触发合规风险连锁反应，包括员工权益争议、财政监管处罚等多重后果。

2. 项目支出的产业政策导向机制

事业单位项目预算规划实质是国家产业政策的具体实施路径。通过预算安排与产业政策深度耦合，实现公共服务供给的结构性优化。以科技创新领域为例，项目筛选需优先配置于基础研究领域和"卡脖子"技术攻关项目，资金投向需符合《国家中长期科技发展规划纲要》确定的优先主题。在医疗卫生领域，项目设置需与分级诊疗制度建设、疾病预防控制体系完善等政策目标保持同频共振。这种政策传导机制能够确保预算资源始终服务于国家发展战略，避免资金配置的碎片化与低效化。

3. 全周期管理的法治化运行轨道

预算管理全流程已形成"五环相扣"的法治化闭环：编制环节需遵循"二上二下"法定程序，确保收支预测的科学性；审批环节需通过人大预算审查监督，强化预算的法定效力；执行环节需建立动态监控机制，防止预算科目间资金挪用；调整环节需履行法定审批程序，维护预算的严肃性；决算环节则需接受审计监督，验证预算执行的合规性。对于擅自变更资金用途等违法行为，除追缴违规资金外，还将依据《中华人民共和国预算法》《财政违法行为处罚处分条例》追究相关主体行政责任乃至刑事责任，形成强大的法律威慑效应。

这种政策嵌入型预算管理模式，既保障了公共资源配置的国家意志体现，也通过法治化手段实现了预算效率的提升。其本质是通过预算工具将国家治理目标转化为可操作的财务语言，构建起财政政策传导的微观基础，最终形成"政策目标—预算安排—绩效评价"的闭环管理系统。

（二）公益性突出

事业单位作为公共服务供给的核心载体，其预算管理深度契合社会公益属性，形成"需求牵引—服务优化—社会受益"的良性循环。这种公益性特征通过以下三个维度具象化呈现。

1. 基础服务领域的精准投入

（1）教育领域示范效应

教育事业单位构建"三维投入模型"：在硬件升级方面，预算优先用于智慧教室建设、实验设备更新等；师资培养形成"引育用留"闭环，设立骨干教师津贴、学术研修专项基金；教育公平项目创新实施"助学券"制度，为困难学生提供精准支持。例如，某市属中学通过预算调整，将年度增量资金的 65% 用于教师海外研修计划和 STEM 实验室建设，学生科创竞赛获奖数同比提升 40%。

（2）医疗卫生服务效能提升

医疗卫生单位建立"预防—诊疗—康复"全周期预算配置体系：在社区层面，预算重点投向家庭医生签约服务、慢性病管理系统建设；在三甲医院，优先保障精准医疗技术研发和国产高端设备采购。例如，某省级医院通过设立"医疗创新引导基金"，成功孵化 3 项国际领先的微创技术，使单病种治疗费用降低 28%。

2. 民生短板领域的靶向支持

（1）公共文化服务网络织密

文化事业单位构建"总分馆制"预算保障体系，将 70% 以上经费用于基层文化站、流动图书车等末梢设施。例如，某市文化馆通过预算调整，新增 20 个 24 小时自助借阅驿站，使公共文化服务半径缩小至 1.5 公里以内。

（2）社会福利服务扩容提质

养老服务机构建立"梯度保障"预算模型：基本养老床位补贴标准提高 30%，失能老人护理专项预算年均增速达 15%。例如，某市福利院通过预算优化，将专业护理人员配比提升至 1∶4，老年抑郁发病率下降 22 个百分点。

3. 应急服务能力的动态储备

（1）公共卫生应急响应机制

医疗卫生单位创新"平战结合"预算管理模式：日常预算设立 5% 的应急储备金，专项用于防疫物资战略储备和应急队伍建设。例如，某市疾控中心通过预算调整，建成日检测能力 10 万份的 PCR 实验室，在重大疫情中实现了 48 小时应急响应。

（2）自然灾害快速响应体系

科技类事业单位构建"星空—地网"监测预算框架：地震监测预算重点投向智能传感网络，气象服务单位优先保障数值预报模型研发。例如，某省地震局通过预算调整，将地震速报时间缩短至 8 秒以内，预警盲区半径缩小 30%。

（三）资金来源多样化

1. 财政补助收入

财政补助收入作为事业单位资金的重要组成部分，通常是由政府财政部门根据事业单位的职能、业务规模和发展需求等因素进行拨款。由于财政资金的公共属性，其管理要求极为严格，往往具有专款专用的特性。例如，在教育事业单位中，政府为支持特定的教育项目，如义务教育阶段的贫困学生资助计划、职业教育的实训基地建设等，会下拨专项财政补助资金。这些资金必须严格按照预算规定的用途使用，不得挪作他用。在医疗卫生事业单位，用于公共卫生服务项目的财政补助收入，如疫苗接种、疾病预防控制等专项经费，同样要专款专用。相关单位需要建立专门的账目对这些资金进行核算，详细记录资金的收入、支出情况，以确保资金使用的合规性和透明度。同时，财政补助收入的使用还需要接受财政、审计等部门的严格监督和检查，若发现违规使用资金的行为，将面临严肃的处罚。

2. 事业收入

相较于财政补助收入，事业收入在使用上相对灵活，但也并非毫无约束，同样需要遵循相关的财务管理制度。事业单位在取得事业收入后，需要根据自身的业务发展需求和财务状况，合理安排资金的使用。例如，高校可以将部分事业收入用于教学科研设备的购置、师资队伍的培养等方面，以提升学校的教学科研水平；医院可以利用事业收入改善医疗设施、引进先进技术和人才，提高医疗服务质量。然而，在使用事业收入时，必须符合国家的相关政策法规和单位内部的财务规定，不得随意滥用资金。同时，事业单位还需要对事业收入进行准确的核算，区分不同类型的收入来源，以便进行有效的财务管理和预算控制。

3. 经营收入

经营收入是事业单位在专业业务活动及其辅助活动之外开展非独立核算经营活动取得的收入。例如，一些事业单位所属的培训中心、宾馆、食堂等部门通过开展经营活动所获得的收入。经营收入的管理要求与财政补助收入和事业收入又有所不同。由于经营活动具有一定的市场属性，其收入的取得和使用需要遵循市场经济规律。事业单位在开展经营活动时，需要进行成本核算和效益分析，以确保经营活动的营利性和可持续性。在使用经营收入时，一方面，要保证经营活动的正常运转，如用于设备更新、人员培训等方面；另一方面，也可以根据单位的整体发展战略，将部分经营收入用于支持事业单位的公益事业发展。但同样，经营收入的使用也需要接受单位内部和相关部门的监督，以确保资金使用的合理性和合法性。

4.社会捐赠收入

社会捐赠收入，指的是事业单位从社会各界接收到的资金或物资捐赠，这些捐赠往往伴随着特定的使用目的或捐赠者的特定愿望，要求事业单位必须遵循捐赠协议或相关规章制度来管理和运用这些资源。此资金来源不仅丰富了事业单位的资产，也对其管理提出了特殊要求，以下对此进行详细解析。

对于事业单位而言，社会捐赠是一种重要且具有独特性的资金补充渠道。捐赠的来源广泛，包括企业、社会组织及个人等。企业可能出于履行社会责任、提升品牌形象等考虑，向事业单位捐赠资金或物资。例如，一些企业会捐赠教学设备给教育事业单位，帮助其改善教学条件，同时借此机会提升企业的社会形象；社会组织可能因关注特定公益事业而捐赠，如慈善基金会向医疗卫生事业单位提供资金支持，用于疾病防控或医疗设施建设；个人捐赠者则可能出于爱心或对特定领域的关注，向事业单位捐款，如退休老人将积蓄捐赠给社会福利事业单位，用于援助孤寡老人和残障儿童。

这些捐赠往往带有捐赠者的特定意愿或指定用途。例如，捐赠者可能明确要求资金用于特定项目，如教育领域的某一学科建设、医疗卫生领域的某一疾病研究等。在某些情况下，捐赠者还可能对资金的使用方式、时间安排等提出具体要求。例如，某企业捐赠资金给文化事业单位，指定用于举办特定主题的文化展览，并要求在规定时间内完成，同时对展览的规模、内容等也有一定期望。

事业单位在接受捐赠时，通常会与捐赠者签订捐赠协议，明确双方的权利和义务，包括捐赠的资金或物资数量、用途、使用方式、管理要求等。事业单位必须严格遵守捐赠协议的约定，对捐赠资源进行合理管理和使用。在资金管理方面，事业单位需为捐赠资金设立专用账户，进行独立核算，确保专款专用。例如，某教育基金会捐赠资金给高校用于设立奖学金，高校应将这笔资金存入专用奖学金账户，按照协议规定的评选和发放标准进行管理，并定期公布奖学金的使用情况，接受捐赠者和社会监督。

对于捐赠的物资，事业单位同样需要进行妥善管理。首先，对物资进行准确登记和验收，确保数量和质量符合捐赠协议要求。然后，根据物资的性质和用途，合理安排存储和使用。例如，医疗卫生事业单位接受的医疗设备捐赠，需按照使用说明进行安装、调试和维护，确保设备正常运行，为患者提供优质医疗服务；文化事业单位接受的文物或艺术品捐赠，需采取专业保管措施，确保其安全和完整。

此外，事业单位还需遵守国家关于社会捐赠的法律法规和政策，对捐赠收入进行规范管理。例如，按规定申报和缴纳税款，确保捐赠活动的合法性。同时，定期向捐赠者和社会公众披露捐赠资金和物资的使用情况，提高管理透明度。通过发布年度报告、在单位官方网站或其他媒体平台公布相关信息等方式，让捐赠者和社会了解捐赠资源的使用效果，增强对事业单位的信任。在使用过程中，若因特殊情况需变更捐赠用途，事业单位必须与捐赠者充分沟通并取得同意，按照规定的程序办理变更手续。否则，可能引发法律纠纷和社会质疑，损害事业单位声誉。

5. 上级补助收入

上级补助收入则是由上级单位拨入的非财政补助资金，其管理和使用也需要遵循相应的规定。这一资金来源在事业单位的资金构成中占据着一定的比例，对事业单位的业务开展和发展有着重要的影响，其管理和使用得规范与否直接关系到事业单位的稳定运行和上级单位的支持力度。

上级补助收入的来源主体通常是与事业单位存在隶属关系或业务指导关系的上级单位。这些上级单位可能是同一系统内的上级行政机关、主管部门，或是具有较强经济实力和管理职能的上级事业单位。例如，在教育系统中，一所省属高校可能会收到来自省教育厅的上级补助收入，用于支持学校的学科建设、师资培养等特定业务；在卫生系统里，基层的乡镇卫生院可能会从县级卫生主管部门或上级医院获得上级补助收入，以改善医疗设施、提升医疗服务水平。

上级单位拨入补助资金往往有着明确的目的和意图。一方面，可能是为了支持事业单位完成特定的工作任务或项目。比如，上级单位为推动事业单位开展某项具有创新性或重要性的业务活动，如科研事业单位进行前沿课题研究、文化事业单位举办大型文化交流活动等，会拨入专项补助资金，助力项目的顺利实施。另一方面，也可能是基于对事业单位的扶持和发展考虑。对于一些处于发展初期或面临特殊困难的事业单位，上级单位会给予补助资金，帮助其解决资金短缺问题，促进其健康发展。例如，新成立的公益事业单位在运营初期可能面临资金紧张的情况，上级单位会适当给予补助，支持其建立健全内部管理机制、开展基础业务工作。

（四）预算约束性

事业单位的预算一旦经过法定程序审批通过，就具有很强的约束性。单位必须严格按照预算执行，不得随意调整和突破预算额度。如果确实需要调整预算，也必须经过规定的审批程序。例如，在预算执行过程中，若因特殊情况需要增加某项支出，必须提交详细的说明和调整方案，经主管部门和财政部门审批同意后才能实施。这有助于保证预算的严肃性和权威性，提高资金的使用效益。

（五）注重绩效评价

随着财政管理体制改革的深入，事业单位越来越注重预算资金的使用绩效。预算管理不仅要关注资金的收支平衡，还要对资金的使用效果进行评价。通过建立科学合理的绩效评价指标体系，对预算项目的执行情况、产出效果、社会效益等进行全面评估，为下一年度的预算编制和资源配置提供参考依据。例如，对于一个科研项目，不仅要考核其是否在预算内完成，还要评估其科研成果的质量、对相关领域的推动作用等。

第二节　事业单位预算管理的目标与原则

一、保障公共服务有效供给

事业单位作为提供公共服务的主体，在社会发展中扮演着至关重要的角色。而预算管理作为其管理体系中的关键环节，首要目标便是确保有充足且合理配置的资源，以此来维持和提升公共服务的水平，满足社会公众对各类公共服务的需求。

　　例如，在医疗卫生领域，公立医院承担着保障人民群众身体健康的重要使命。先进的医疗设备是提高诊断和治疗准确性的关键因素之一。例如，一台高端的核磁共振成像（MRI）设备，其价格可能高达数千万元。公立医院在进行预算管理时，需要综合考虑医院的业务量、设备的更新周期以及技术发展趋势等因素来安排购置资金。假设一家公立医院预计在未来三年内需要购置一台 MRI 设备，设备价格为 P 万元。为了确保资金的按时到位，医院可以采用年金法来进行预算规划。设每年需要预留的购置资金为 A 万元，年利率为 r，年限为 $n = 3$ 年，根据年金终值公式 $F = A \times \dfrac{(1+r)^n - 1}{r}$。（其中 F 为年金终值，即设备购置价格 P），则 $F = P \times \dfrac{r}{(1+r)^n - 1}$。通过这种科学的预算安排，医院能够在合适的时间购置到所需的设备，从而提升医疗服务的质量，为患者提供更准确的诊断和更有效的治疗方案。

　　再如，教育领域中，以小学为例，为了全面推进素质教育，培养学生的综合素质和创新能力，需要完善教学设施并加强师资队伍建设。建设音乐教室、美术教室等专用教室以及购买相关教学器材是必不可少的环节。比如，建设一间标准的音乐教室，包括场地装修、音响设备、乐器购置等，预计需要资金 M 万元；建设一间美术教室，包括画室装修、画具画材购置等，预计需要资金 N 万元。同时，为了提升教师的教学水平，学校每年还需要安排一定的资金用于教师培训，假设每年教师培训的费用为 T 万元。在预算管理中，学校要将这些费用合理地纳入年度预算。可以根据学校的财政收入情况（如财政拨款收入 $I1$、事业收入 $I2$、社会捐赠收入 $I3$ 等，总收入 $I = I1 + I2 + I3$）以及各项支出的优先级，来确定用于教学设施建设和师资培训的资金比例。例如，规定用于教学设施建设的资金占总收入的 $x\%$，用于师资培训的资金占总收入的 $y\%$，则 $M + N \leq I \times x\%$，$T \leq I \times y\%$。通过这样的预算安排，学校能够保障教学设施的不断完善和师资队伍的持续发展，进而提高教育质量，为社会培养出更多符合需求的人才。

二、促进资源合理整合与利用

事业单位往往拥有多种类型的资源，包括人力、物力和财力资源等。预算管理旨在对这些资源进行合理整合，避免资源的闲置和浪费。比如，科研事业单位可以通过预算统筹安排科研人员的薪酬、科研设备的采购与维护以及科研项目的开展费用。通过优化预算分配，将有限的资源集中投入到重点科研项目上，提高科研资源的利用效率，推动科研成果的产出。此外，还可以通过预算管理促进不同部门之间的资源共享，如共享办公设备、会议室等，降低运营成本。

三、实现单位可持续发展

从长远来看，预算管理要助力事业单位实现可持续发展。这意味着不仅要满足当前的业务需求，还要为未来的发展做好规划和准备。例如，文化事业单位在预算中预留一定比例的资金用于文化遗产的保护和传承项目的开发，以保证文化事业的长期发展。对于一些面临市场竞争的事业单位，如部分自收自支的事业单位，预算管理要考虑到市场变化因素，合理安排资金用于业务拓展和创新，提升单位的竞争力，确保其在市场环境中能够持续生存和发展。

四、提升财务管理透明度

预算管理是事业单位财务管理的重要组成部分，其目标之一是提高财务管理的透明度。通过规范的预算编制、执行和公开流程，让单位内部员工、上级主管部门以及社会公众了解资金的来源和去向。例如，一些事业单位会定期公布年度预算报告和预算执行情况，详细说明各项收入和支出的具体情况，接受各方的监督。这不仅有助于增强单位的公信力，还能及时发现和纠正财务管理中的问题，提高财务管理水平。

第三节　事业单位预算管理的法律与政策环境

一、法律环境

（一）《中华人民共和国预算法》及其实施条例

《中华人民共和国预算法》作为我国预算管理的根本性法律，确立了预算管理的基本框架和原则。它明确规定了各级政府、各部门、各单位的预算职责，要求事业单位在预算管理过程中遵循法定程序。从预算编制来看，事业单位需按照量入为出、收支平衡的原则，真实、准确、完整、及时地编制预算草案。例如，在编制收入预算时，要依据财政部门的拨款计划、自身业务开展情况等合理预估财政补助收入、事业收入等各类收入；在编制支出预算时，要严格区分基本支出和项目支出，确保资金使用符合规定用途。

《中华人民共和国预算法实施条例》则进一步细化了预算法的相关规定，对预算编制的具体流程、预算执行的监督管理、预算调整的条件和程序等作出了详细说明。事业单位必须严格按照这些规定进行预算管理，如在预算执行过程中，对于超预算或无预算的支出，必须履行严格的追加和调整手续，经法定程序批准后方可实施，否则将承担相应的法律责任。

（二）《中华人民共和国会计法》与《会计基础工作规范》

《中华人民共和国会计法》是规范会计行为的基本法律，它要求事业单位必须依法设置会计账簿，进行会计核算，保证会计资料真实、完整。在预算管理中，准确的会计核算至关重要，因为它是预算编制、执行和监督的基础。例如，通过规范的会计核算，能够准确记录各项预算收入的到账情况和预算支出的发生情况，为预算执行分析提供可靠的数据支持。

《会计基础工作规范》则对会计核算的具体操作流程、会计凭证的填制与审核、会计账簿的登记与管理等方面作出了详细规定。事业单位的财务人员在进行与预算相关的会计处理时，必须严格遵循这些规范，确保会计信息质量。例如，在编制预算报表时，要依据准确的会计核算数据，按照规定的格式和要求进行填报，以保证预算信息的真实性和可靠性。

（三）《中华人民共和国政府采购法》及其实施条例

对于事业单位而言，政府采购活动是预算支出管理的重要组成部分。《中华人民共和国政府采购法》规定了政府采购的范围、方式、程序等内容，要求事业单位在采购货物、工程和服务时，必须遵循公开、公平、公正的原则。例如，对于达到政府采购限额标准的项目，事业单位必须通过公开招标、邀请招标、竞争性谈判等法定方式进行采购，不得自行采购或规避政府采购程序。

《中华人民共和国政府采购法实施条例》进一步明确了政府采购的具体操作细节，如采购文件的编制要求、评审专家的选取方式、采购合同的签订与履行等。事业单位在编制采购预算时，要充分考虑这些规定，合理安排采购项目和预算金额，并在采购过程中严格按照规定程序执行，以确保采购活动的合法性和规范性。

二、政策环境

（一）国家宏观调控政策

国家根据经济社会发展的不同阶段和实际需求，灵活制定并实施一系列宏观调控政策，这些政策犹如指挥棒，对事业单位的预算管理起着关键的引导和约束作用。

当经济发展态势良好，国家鼓励加大公共服务供给和基础设施建设时，事业单位有更多的机会获得资金支持来拓展业务和提升服务能力。此时，事业单位在预算管理上可以适当增加相关项目的预算安排，如文化事业单位可以加大对文化活动策划、文化遗产保护等项目的资金投入，推动文化事业的繁荣发展。

（二）财政政策与资金安排

财政部门作为国家财政政策的制定者和执行者，会依据国家的宏观政策导向以及实际的财力状况，精心制定具体的财政政策和资金安排方案。这些方案涵盖了多种政策工具，对事业单位的发展产生着深远的影响。

1. 定额或定项补助

定额补助与定项补助是财政部门扶持事业单位的两大核心手段，它们在确保事业单位有效履行公共服务职责、推动各项事业繁荣发展方面扮演着举足轻重的角色。这两种补助方式依据事业单位的不同类型与特点灵活应用，各自蕴含着独特的运作逻辑和管理准则。

针对承担基础公共服务职能、收入稳定且可预期的事业单位，如中小学及基层医疗卫生机构，定额补助成为首选。以中小学为例，作为国家教育体系的基石，它们肩负着培育青少年基础知识、基本技能及健全人格的重任。财政部门依据学生人数、教师编制等核心要素，设定每生每年的教育经费定额标准，为学校的日常运营提供稳固的资金支撑。学生人数是决定补助额度的重要参考，结合地区经济发展水平和教育成本差异，财政部门制定差异化的定额标准。在经济发达地区，较高的定额旨在满足学校师资培训、教学设施升级及课程创新等需求；而在经济欠发达地区，尽管定额相对较低，但仍确保学校能维持基本教学活动。教师编制同样影响补助分配，合理编制是保障教学质量的基石，财政部门据此为教师薪酬、福利等提供经费补助，吸引并留住优秀教育人才。此外，学校的日常开支，如水电、办公及差旅费用，也纳入定额补助范畴，确保中小学能够为学生提供持续、高质量的教育服务。

基层医疗卫生机构同样是定额补助的重点关注对象，作为居民健康的守护者，它们承担着基本医疗、预防保健及公共卫生等多重任务。财政部门依据机构服务人口、服务范围及医疗设施等因素，制定定额补助标准，如按服务人口每人每年固定金额补助基本医疗服务，根据预防保健工作量如疫苗接种、健康体检等提供专项补助。这些定额补助助力基层医疗卫生机构维持正常运营，提升医疗服务可及性和质量，满足居民基本健康需求。

而定项补助则聚焦于特定项目或业务，如科研事业单位承担的国家重点科研项目。财政部门依据项目预算需求及预期目标，提供专项补助，确保专款专用，支持科研工作顺利推进。科研事业单位在科技创新、解决国家战略需求方面发挥关键作用。对于重点科研项目，财政部门组织专业评审，全面评估项目可行性、创新性及预期成果，确定预算需求。例如，在人工智能、生物科技等前沿领域，科研项目需大量资金投入，包括购买实验设备、开展研究及支付科研人员薪酬等。财政部门根据项目具体情况，提供定项补助，确保项目按计划实施。

定项补助的管理遵循严格的专款专用原则。科研事业单位必须按项目预算及规定用途使用资金，不得擅自挪用。同时，建立健全资金管理机制，加强监督与管理，定期向财政部门报告资金使用及项目进展情况，接受审计与检查。若发现问题，财政部门有权要求整改或收回补助资金。

此外，定项补助还应用于其他特定业务或项目，如文化事业单位的文化遗产保护、社会福利事业单位的特殊救助等。财政部门根据项目具体情况及需求，提供专项补助，推动相关事业发展，满足社会公共需求。

2. 转移支付

财政转移支付制度作为国家财政政策的核心构成部分，旨在推动地区间公共服务的均衡化，并加速特定行业的发展步伐。此机制在资源配置优化、社会公平正义维护及经济社会和谐发展中扮演着不可或缺的角色，对事业单位的发展具有深远的影响。

对于经济相对落后的地区，上级财政部门实施的一般性转移支付犹如甘霖，滋润着当地的事业单位。这一转移支付机制旨在缩减地区间的财力差距，强化地方政府提供公共服务的能力。在经济欠发达地区，由于财政收入捉襟见肘，事业单位在履行公共服务职能时往往面临资金瓶颈。一般性转移支付则如同一股清流，为这些地区注入更多的可支配财力，助力事业单位提升公共服务水平。

以中西部地区的教育事业单位为例，受制于经济发展水平，这些地区的学校在教学设施、师资建设等方面存在短板。中央财政通过一般性转移支付，为这些学校提供了丰厚的资金支持。凭借这些资金，学校得以改善教学条件，如新建教学楼、图书馆，购置先进的教学设备等，从而为学生营造一个更加优越的学习环境。同时，提高教师待遇，吸引并留住优秀的教育人才，加强师资队伍建设，进而提升教育质量。在医疗卫生领域，一般性转移支付同样发挥着举足轻重的作用。中西部地区的基层医疗卫生机构由于资金匮乏，医疗设备老化、医护人员短缺等问题较为突出。上级财政部门的转移支付资金被用于更新医疗设备、提升诊疗水平，以及培训医护人员、提高他们的专业技能，从而提高当地的医疗服务能力，让居民能够享受到更高品质的医疗服务。

专项转移支付则更具针对性，主要用于支持特定的项目或政策目标。以农村义务教育阶段的营养改善计划为例，专项转移支付资金被精准用于改善农村学生的营养状况。在农村地区，由于经济条件有限，部分学生存在营养摄入不足的问题，这不仅影响了他们的身体健康，也对学习和成长造成了制约。为了破解这一难题，国家实施了农村义务教育阶段的营养改善计划，并通过专项转移支付确保资金能够准确、高效地用于提升学生的营养水平。

专项转移支付资金的使用受到严格的监管和约束。在资金分配环节，会根据各地农村学生的数量、贫困程度等因素进行科学合理的分配，确保资金能够流向最需要的地方。在资金使用过程中，要求学校和相关部门严格按照规定的用途使用资金，不得挪用或截留。例如，资金必须用于购买食品、改善食堂条件等与学生营养改善直接相关的方面。同时，建立了严密的监督检查机制，对资金的使用情况进行定期的检查和审计，确保资金使用的透明度和有效性。通过这些措施，农村义务教育阶段的营养改善计划取得了显著的成效，农村学生的营养状况得到了明显的改善，身体素质和学习成绩均有所提升。

除了教育和医疗卫生领域，专项转移支付还广泛应用于其他特定领域。在文化领域，对于具有重要文化价值的遗产保护项目，专项转移支付为其提供了必要的资金支持，确保文化遗产得到有效的保护和传承。在生态环境领域，专项转移支付被用于支持生态修复、污染治理等项目，推动生态文明建设的步伐。

转移支付机制通过一般性转移支付和专项转移支付两种方式，在促进地区间公共服务均衡化和支持特定行业发展方面发挥了重要作用。对于事业单位而言，合理利用转移支付资金，不仅可以提升自身的服务能力和水平，还能够更好地履行公共服务职能，为社会发展贡献更大的力量。同时，随着经济社会的不断发展，转移支付机制也需要不断完善和优化，以适应新的形势和需求，更好地实现其政策目标。

3. 政府债券

政府债券，作为政府在经济社会发展中筹集资金的重要手段，常被用于支持基础设施建设、公共服务项目等关键领域。这一融资方式不仅满足了公共需求，还推动了社会经济的全面发展，为事业单位的重大项目建设和业务发展带来了前所未有的机遇。

政府债券主要分为一般债券和专项债券两大类。一般债券旨在弥补地方政府一般公共预算的收支缺口，主要支持那些没有直接经济收益的公益性项目。而专项债券则针对有一定收益的公益性项目，其本息偿还依赖于项目对应的政府性基金收入或专项收入。对于事业单位而言，参与政府债券支持的项目，意味着能够获得稳定的资金来源，进而推动自身业务发展和公共服务能力的提升。

以地方政府发行专项债券建设公立医院新院区为例，充分展示了政府债券在公共服务领域的实际应用。公立医院作为保障民众健康的重要机构，其基础设施的完善对于提升医疗服务质量和可及性具有重大意义。通过专项债券融资，地方政府能够筹集大量资金，用于新院区的土地购置、建筑施工、配套设施建设等关键环节。作为项目实施主体，医院在获得债券资金后，可以有序地推进新院区建设，同时购置先进的医疗设备，如核磁共振成像仪（MRI）、CT 扫描仪等，从而大幅提升诊断和治疗水平，为患者提供更加优质的医疗服务。然而，事业单位在利用政府债券资金时，也面临着诸多挑战和严格要求。首先，在预算编制方面，事业单位需要科学合理地规划债券资金的使用，明确各项支出的具体内容和金额，确保资金的合理安排和有效使用。以公立医院新院区建设项目为例，要根据工程进度和资金需求，分阶段安排资金支出，避免资金闲置或短缺。

其次，在资金使用过程中，事业单位必须严格遵守债券资金的使用规定，确保专款专用，不得擅自挪用或改变资金用途。同时，要加强资金使用的审批和监管，确保每一笔支出都符合项目预算和规定。对于设备采购等关键环节，要按照招标程序进行，确保采购的设备质量可靠、价格合理。

此外，风险管理也是事业单位利用政府债券资金时不可忽视的重要方面。一方面，要关注项目建设过程中的各种风险，如工程进度延误、质量问题等，制定相应的风险应对措施。另一方面，要考虑债券资金的偿还风险，合理评估项目的收益预期，确保项目能够产生足够的现金流来支持债券本息的偿还。

第二章

事业单位预算管理现状分析

第一节　预算编制的现状与问题

一、预算编制的现状

（一）预算编制方法逐步改进

随着财政管理体制改革的推进，许多事业单位逐渐摒弃了传统单一的"基数 + 增长"预算编制方法，开始尝试更为科学合理的编制方式。例如，一些事业单位引入了零基预算法，不再仅仅依据上年度的预算基数来确定本年度预算，而是以零为起点，对每个预算项目进行重新评估和审核。在编制人员经费预算时，根据实际的人员编制、工资政策以及岗位需求等因素来确定具体金额，不再简单地按照一定比例在上年度基础上递增。对于项目经费预算，也会详细分析项目的必要性、可行性和预期效益，根据项目的实际需求来安排资金，使得预算更加贴合实际业务情况。

（二）预算编制参与度有所提高

过去，事业单位的预算编制往往主要由财务部门负责，其他部门参与度较低。但现在，越来越多的事业单位意识到预算编制需要各部门的协同合作。一些单位在预算编制前，会组织召开预算编制动员大会，向各部门详细介绍预算编制的目的、要求和流程，鼓励各部门积极参与。在编制过程中，财务部门会与业务部门进行充分沟通，了解业务部门的工作规划和资金需求，共同探讨预算方案的可行性。例如，在学校预算编制中，教学部门会根据教学计划提出购置教学设备、开展教学研究活动等方面的资金需求，后勤部门会提出校园设施维护、物资采购等方面的预算申请，财务部门则对这些需求进行汇总和审核，综合考虑单位的财力状况，形成合理的预算草案。

（三）预算编制的时间跨度延长

为了提高预算编制的准确性和科学性，不少事业单位开始提前启动预算编制工作，延长预算编制的时间跨度。以往，一些单位可能在临近预算年度才匆忙开始编制预算，导致预算准备时间不足，数据收集不充分，预算质量难以保证。现在，一些单位会提前半年甚至更长时间就开始预算编制的准备工作，如进行市场调研、项目论证等。例如，科研事业单位在编制科研项目预算时，会提前对科研项目的研究内容、技术路线、所需设备和材料等进行详细规划，对市场上相关设备和材料的价格进行调研，确保预算数据的真实性和可靠性。

二、预算编制存在的问题

（一）预算编制与业务规划之间存在明显的脱节现象

尽管部分事业单位在预算编制方法及参与积极性上已有所提升，但预算编制与业务规划之间仍存在明显的脱节现象，这一现象对事业单位资源的有效配置及业务活动的顺畅执行构成了严峻挑战。

在某些单位中，业务部门在制订业务计划时往往忽视了预算的约束条件，导致业务计划与预算难以契合。这一方面反映出业务部门对预算管理的轻视，缺乏必要的成本意识和整体观念。以某事业单位计划开展的大型业务拓展项目为例，业务部门在项目初期未与财务部门进行深入沟通，未对项目的成本进行合理预测。他们过于关注项目的预期收益和增长潜力，如预期的新增客户数量和业务规模扩张，却忽视了项目实施过程中可能涉及的高昂成本，如新办公场地的租赁、专业设备和软件的购置、新员工的招聘与培训等。当财务部门着手预算编制时，才发现项目所需资金远超单位预算，致使项目难以如期推进。这不仅耗费了项目规划初期的时间和精力，还可能使单位错失市场良机，对单位的整体发展产生负面影响。

另一方面，财务部门在编制预算时，因对业务部门的具体运作和实际需求了解不足，常依据历史数据和粗略估算来确定预算额度，导致预算难以精准反映业务活动的资金需求。财务部门与业务部门之间沟通不畅是这一问题的症结所在。在许多事业单位中，财务部门与业务部门之间存在明显的沟通障碍，信息交流受阻。财务人员对业务部门的工作流程和业务特性缺乏深入了解，仅凭历史数据和经验来估算预算。例如，在编制某业务部门的活动预算时，财务部门可能仅参考以往类似活动的成本，却未考虑本次活动的特殊需求和变化。若本次活动需邀请行业权威专家进行演讲或采用更先进的技术设备，则实际成本可能大幅增加。此外，财务部门在预算编制过程中可能未充分考虑业务部门的业务发展趋势及市场动态。随着市场环境的不断变化，业务部门的工作内容和需求亦随之调整，而财务部门的预算编制却未能及时跟上这一步伐，导致预算与业务活动脱节。

预算编制与业务规划脱节还可能引发一系列连锁反应。例如，预算无法准确反映业务活动的资金需求，可能导致业务部门在执行过程中遭遇资金短缺，进而影响业务活动的进度和质量。为弥补资金缺口，业务部门可能采取不合理的措施，如削减必要开支、降低服务质量等，这不仅会损害单位的形象和声誉，还可能对单位的长期发展造成不利影响。同时，预算编制与业务规划脱节还会影响单位的绩效考核和资源配置效率。由于预算不准确，难以作为绩效考核的可靠依据，也难以实现资源的优化配置，导致单位资源浪费和效益低下。

（二）预算数据准确性不足

预算数据的精确性是预算编制的核心所在，然而，当前众多事业单位在这一关键环节上存在着显著问题，这不仅削弱了预算的科学性与合理性，还对事业单位的资源配置、业务执行及整体运营造成了多方面的不利影响。

一方面，市场环境的多变性给预算项目的成本预测带来了巨大挑战。在快速演变和高度竞争的市场环境中，多种因素相互交织，使得预算编制工作变得异常复杂。以办公设备采购为例，设备价格受市场供需关系、技术革新等多重因素影响而频繁波动。当市场需求激增而供应紧张时，办公设备价格往往会随之攀升。例如，随着办公自动化的加速推进，高性能电脑、打印机等设备的需求急剧上升，而关键零部件的供应短缺则可能推动这些设备价格大幅上涨，导致预算编制时的成本估算与实际采购成本之间存在较大出入。此外，技术的日新月异也加剧了预算编制的难度。新型办公设备的不断涌现及其价格和性能的持续变化，要求事业单位在预算编制时必须紧跟技术发展的步伐。若事业单位未能及时获取新设备的价格和性能信息，仍按旧有设备的价格进行预算，必将导致实际采购成本超出预算范围。

另一方面，部分事业单位内部基础数据管理不规范也是导致预算数据不准确的重要原因。在事业单位内部，不同部门往往遵循各自的工作重点和数据统计方式，缺乏统一的标准和规范。以人员数量和工资数据统计为例，人力资源部门可能依据员工的入职时间、岗位级别等因素进行统计，而财务部门则更侧重于员工的实际工资发放和社保缴纳情况。这种统计标准的不统一，使得财务部门在编制人员经费预算时难以获取准确的数据支持。例如，人力资源部门统计的员工数量可能包含了试用期员工或兼职人员，而财务部门在计算工资预算时可能仅考虑正式员工，从而导致数据差异。此外，在工资构成方面，不同部门对奖金、补贴等项目的理解和统计方式也可能存在差异，进一步影响了预算数据的准确性。

预算数据的不准确还可能引发一系列连锁反应。首先，它可能导致资源配置的失衡，使得部分项目资金紧张，而另一些项目则资金过剩。例如，由于采购成本预算得不准确，可能导致关键设备无法及时到位，影响业务的正常推进；而一些项目因预算过高，造成资金浪费。其次，预算数据不准确还可能影响绩效考核的公正性和有效性，使得绩效考核结果无法真实反映部门和员工的工作表现。长期来看，这将削弱员工的工作积极性和责任感，对事业单位的持续健康发展产生不利影响。

（三）预算编制缺乏灵活性

当前，众多事业单位在预算编制上普遍缺乏必要的灵活性，这一问题在实际工作中愈发显著，严重阻碍了事业单位应对复杂多变环境的能力，对其日常运作和业务开展带来了诸多不利影响。

一旦预算被确定，其执行过程中的调整难度极大，这是预算编制缺乏灵活性的一个显著特征。以应对突发公共事件为例，自然灾害、公共卫生事件等往往具有突发性和紧急性，要求事业单位能够迅速增加相关支出以应对危机。例如，在地震、洪水等自然灾害发生后，教育事业单位急需资金用于校舍修缮、应急物资采购等，以保障师生的基本生活和教学秩序的恢复；医疗卫生事业单位则需要大量资金采购医疗设备、药品，并增派医护人员。然而，由于预算调整流程烦琐，从申请调整、层层审批到最终获得资金支持，往往耗时较长。在此期间，事业单位可能因缺乏及时的资金支持而无法有效应对突发情况，导致损失进一步扩大。在公共卫生事件初期，一些基层医疗卫生机构就因预算调整不及时，无法及时采购足够的防护物资和检测试剂，从而影响了疫情防控工作。

此外，部分事业单位在预算编制时未能充分考虑业务活动的不确定性和变化性，导致预算过于僵化，缺乏必要的弹性。在实际业务活动中，任何因素都可能导致情况发生变化。以科研事业单位的项目预算为例，科研工作本身具有探索性和不确定性，项目实施过程中可能会遇到技术难题、实验失败等意外情况，需要额外的资金投入。然而，如果在编制项目预算时没有预留一定的机动资金，当这些意外情况发生时，项目就可能因资金短缺而无法顺利推进，甚至被迫中断。同样，文化事业单位在举办文化活动时，如果预算没有考虑到观众数量大幅增加、场地租赁费用上涨等可能性，也可能导致预算不足，进而影响活动的质量和效果。

预算编制缺乏灵活性还可能导致事业单位在面对市场变化和政策调整时陷入被动局面。随着市场环境的不断变化，事业单位的业务需求和成本结构也可能随之调整。例如，物价上涨可能导致办公费用、原材料采购成本等增加。如果预算缺乏灵活性，事业单位可能无法及时调整预算以应对成本上升，从而影响业务的正常开展。同时，政策调整也可能对事业单位的业务产生影响。如政府对某些领域的扶持政策发生变化，可能导致事业单位的资金来源和业务方向需要调整。如果预算不能及时适应这些变化，事业单位在执行过程中可能面临困境。

（四）预算编制的绩效导向不足

尽管国家对预算绩效管理的重视程度持续提升，相关政策体系也日益健全，但在预算编制的实际操作中，众多事业单位仍未充分融入绩效导向，这一问题显著削弱了预算资金的使用效率和事业单位的长期发展能力。

部分事业单位在编制预算时，过度聚焦于资金的分配和支出，却忽视了为预算项目设定明确的预期绩效目标。这反映出这些单位对预算绩效管理的理解尚显浅薄，未能深刻把握预算资金与绩效目标之间的内在联系。以科研项目预算为例，科研工作的推进离不开大量资金的支撑，涵盖科研设备的购置、科研人员的薪酬以及实验材料的采购等多个方面。然而，在预算的实际编制过程中，很多单位未能清晰设定项目的科研成果产出、社会效益等绩效指标。例如，在新能源技术研发项目中，未能明确在预算执行期间应取得的科研成果，如学术论文发表数量、专利申请数量以及具有实际应用价值的新能源产品研发等；同时，也未明确项目可能带来的社会效益，如能源消耗降低、环境污染减少以及相关产业推动等。这种预算资金使用的盲目性，可能导致科研人员在项目实施过程中缺乏明确的方向和目标，从而影响科研工作的效率和成果质量。此外，缺乏具体的绩效目标作为评估基准，也难以对科研成果进行客观、公正的评价，进而难以判断预算资金的使用是否合理有效。

另外，部分事业单位在预算编制过程中未能将绩效评价结果与预算编制紧密结合，即使项目结束后发现绩效不佳，也未对下一年度的预算编制进行相应调整，导致预算资金的使用效率低下。绩效评价作为预算绩效管理的重要环节，能够反映项目的实施效果、资金使用效率以及存在的问题等关键信息。然而，一些事业单位在完成项目绩效评价后，并未充分利用评价结果来指导预算编制。例如，某文化事业单位在组织大型文化活动后，通过绩效评价发现活动参与人数未达预期、宣传效果不佳且成本超出预算。但在编制下一年度类似活动的预算时，该单位并未根据绩效评价结果进行相应调整，仍按照以往的方式编制预算，未能削减不必要的开支或改进活动的策划和组织方式以提升绩效。这种预算资金配置的不合理性，使得资源浪费现象难以得到有效遏制，预算资金的使用效益难以提升。

预算编制中绩效导向的缺失还可能削弱事业单位在资源竞争中的优势。随着国家对预算资金使用效益要求的日益提高，绩效导向将成为预算分配的重要考量因素。若事业单位在预算编制环节未能充分体现绩效导向，将难以获得更多的预算资金支持，进而影响其业务发展和自身竞争力。例如，在争取财政专项资金时，那些能够明确设定绩效目标、有效利用预算资金并取得良好绩效的事业单位往往更具优势，而绩效导向不足的事业单位则可能因预算资金使用效益不高而错失机会。

第二节 预算执行的现状与问题

一、预算执行的现状

（一）预算执行的规范化程度逐步提升

随着财政管理体制改革的深入推进，众多事业单位对预算执行的重视程度日益提高，在规范化建设方面取得了一定进展。许多事业单位建立了较为完善的预算执行管理制度，明确了预算执行的流程和责任主体。例如，在资金支付环节，严格按照规定的审批程序进行操作，要求相关业务部门提交详细的支付申请，附上合同、发票等原始凭证，经过财务部门审核无误后才能进行支付。同时，一些事业单位还引入了信息化管理系统，对预算执行过程进行实时监控，能够及时掌握预算资金的使用情况，如资金的支出进度、支出方向等，为预算执行的管理和决策提供了有力支持。

（二）预算执行的监控力度不断加强

为确保预算的有效执行，事业单位逐渐加大了对预算执行的监控力度。一方面，内部审计部门积极发挥作用，定期对预算执行情况进行审计监督，检查预算资金是否按照规定用途使用，是否存在违规支出等问题。例如，对科研项目的预算执行审计，会详细核查科研经费的开支是否与项目任务书相符，是否存在将科研经费用于其他非科研活动的情况。另一方面，外部监督也在不断强化，财政部门和主管部门会不定期对事业单位的预算执行情况进行检查和抽查，对发现的问题及时提出整改要求，促使事业单位不断规范预算执行行为。

（三）部分项目预算执行进度有所加快

在一些重点领域和项目中，事业单位通过优化管理流程、加强组织协调等方式，有效加快了预算执行进度。例如，在基础设施建设项目中，一些事业单位提前做好项目前期准备工作，包括项目规划、设计、招投标等，合理安排施工进度，确保项目能够按时开工建设。同时，加强与施工单位、供应商等各方的沟通协调，及时解决项目实施过程中出现的问题，避免因延误导致预算执行进度滞后。在财政专项资金支持的民生项目中，事业单位也积极采取措施，提高资金使用效率，确保项目能够按时完成，使民生政策得到及时落实。

二、预算执行存在的问题

（一）预算执行的随意性仍然较大

尽管事业单位在推进预算执行规范化方面已取得一定进展，但部分单位仍存在预算执行随意性较大的问题，这严重削弱了预算管理的权威性和有效性，给事业单位的正常运转及资源合理配置带来了严峻挑战。

一些业务部门未能充分认识到预算的严肃性，在实际工作中，常常不遵循预算规定的用途和标准来使用资金，随意调整预算项目和金额。这种行为凸显出部分业务部门对预算约束的轻视，未能深刻理解预算在单位财务管理和业务运营中的核心作用。例如，将本应用于办公设备购置的资金擅自挪用于职工福利发放，办公设备的更新本是确保业务部门高效运转的基础，但一些部门却为了短期利益，不顾预算规定，将资金挪作他用，这不仅违反了财务纪律，还可能导致设备更新滞后，影响业务效率。再如，未经规定审批程序擅自提高差旅费、会议费等支出标准，这些标准本应基于单位实际情况和相关规定合理设定，以控制费用支出，但一些部门为了追求更高的舒适度或豪华体验，随意提高标准，导致费用失控。这种行为不仅浪费了单位资源，更损害了预算的严肃性和权威性。

预算执行的随意性还可能引发一系列负面连锁反应。一方面，随意调整预算项目和金额可能导致资源配置失衡，重要项目因资金被挪用而无法顺利推进，影响单位的整体战略实施。例如，科研事业单位的某个关键科研项目可能因资金被挪用而延误进度，影响科研成果的按时取得，进而削弱单位在科研领域的竞争力。另一方面，预算执行的随意性还会破坏单位内部的管理秩序，削弱员工对预算制度的信任度，降低员工的工作积极性和责任感。若员工目睹违规行为未受惩罚，便可能对预算制度产生轻视态度，进而影响整个单位的财务管理和业务运营。

（二）预算执行进度不均衡

预算执行进度不均衡是众多事业单位面临的共性问题，此问题极大地影响了预算资金的使用效率和事业单位的财务管理效能，对单位的日常运营与长远发展构成了诸多障碍。

一方面，部分项目在预算年度初期执行进度缓慢，导致资金长时间处于闲置状态。以科研项目为例，尽管科研工作需要细致的前期筹备，但一些项目由于筹备工作不充分，使得项目进度受阻，预算资金无法得到有效利用。研究方案设计的合理性是项目能否顺利推进的关键。若研究方案存在缺陷，如目标不明确、方法不可行等，科研人员将在实施过程中遭遇重重困难，甚至需要频繁调整方案，从而拖延项目进度。例如，某科研事业单位负责的新型材料研发项目，因研究方案中设定的材料性能指标过高，导致现有技术和设备无法满足要求，项目不得不重新设计，造成预算年度初期资金大量闲置。

设备采购的延误也是影响项目执行进度的重要因素。科研项目通常依赖特定的设备和仪器进行实验和研究，若设备采购流程出现问题，如供应商延迟交货、设备质量不达标等，将直接影响项目进度。例如，某生物科研项目需采购高精度基因测序仪，但因采购流程烦琐、与供应商沟通不畅，导致设备迟迟未到位，科研人员无法开展实验，预算资金无法按计划支出。这种资金闲置不仅浪费资源，还可能影响科研项目的预期成果和社会效益。

另一方面，在预算年度末期，为完成预算执行任务，部分单位出现突击花钱现象，导致资金使用效率低下，甚至存在违规支出的风险。随着预算年度接近尾声，一些单位发现预算执行进度滞后，为避免资金被收回或影响下一年度预算额度，会在年末集中支出剩余资金。例如，一些单位为消耗剩余预算资金，盲目采购不必要的物资或服务，造成资源浪费。同时，在突击花钱的过程中，由于时间紧迫，可能无法对采购的物资或服务进行严格的质量检验和评估，导致购买的物资或服务质量不符合要求，无法满足实际需求。

　　更严重的是，突击花钱可能引发违规支出。为尽快支出资金，一些单位可能违反财务规定和审批程序，如擅自扩大支出范围、提高支出标准等。例如，在项目支出中，为达到预算执行要求，将不合理费用纳入项目支出范围，或未经充分论证提高项目支出标准，这些行为不仅违反财务纪律，还可能使单位面临审计风险和法律责任。

　　预算执行进度不均衡还对事业单位的预算管理和决策产生负面影响。前期的资金闲置和后期的突击花钱导致预算数据无法真实反映单位的实际需求和资金使用情况，影响预算编制的科学性和合理性。同时，也干扰了单位对资源的合理配置和对项目的有效管理，不利于事业单位的可持续发展。

（三）预算调整机制不完善

　　在预算执行的动态过程中，事业单位往往需要基于各种因素进行预算调整。然而，当前众多事业单位的预算调整机制尚待健全，这一现状极大地限制了单位灵活应对内外部环境变化的能力，对资源的合理配置及业务的顺畅开展造成了诸多困扰。

　　一方面，对预算调整的具体条件和标准缺乏清晰界定，导致在实际操作中难以准确判断何时、以何种程度进行预算调整。市场价格波动是事业单位预算执行中常见的挑战之一。例如，在涉及物资采购的项目中，原材料价格受市场供需关系影响可能大幅波动。对于依赖特定原材料的科研项目，若原材料价格骤升，项目成本或将超出原预算。然而，由于预算调整的条件和标准模糊，相关人员难以判断价格波动是否足以成为调整预算的合理依据。盲目调整可能损害预算的严肃性和稳定性，而不调整则可能导致项目因资金短缺而受阻。

　　政策变化同样对事业单位预算产生深远影响。随着国家政策的调整，事业单位的业务方向和资源配置可能随之变化。例如，教育事业单位可能因国家教育政策的调整而需重新规划教学计划和资源配置，进而引发预算变动。但由于缺乏明确的预算调整标准，单位在面对政策变动时难以确定调整的必要性和方式。此外，预算调整幅度和范围的模糊性也增加了操作的难度。在实际操作中，调整幅度过大或过小都可能影响预算资金的合理使用和项目的顺利执行。

　　另一方面，预算调整的审批流程复杂且耗时较长。一些单位在调整预算时，需经过多个部门的层层审核和审批，流程烦琐。以跨部门合作的大型项目为例，当项目在执行中需调整预算时，项目部门需先提出调整申请，并详细说明原因和金额。随后，申请将递交至财务部门进行初步审核，评估调整的合理性和合规性，包括是否符合预算管理制度、资金来源是否合规等。之后，申请还可能需经过上级主管部门或单位领导的审批，这些部门和领导需综合考虑单位的整体财务状况、项目的重要性等因素来做出决策。

由于涉及的部门和环节众多，每个环节均需一定时间处理，导致预算调整申请往往难以迅速获得批准。在紧急情况下，项目可能急需资金调整以应对突发问题，但烦琐的审批流程不仅可能导致资金无法及时到位，影响项目的正常推进，还可能使相关人员对预算调整产生抵触情绪，即使面临合理的调整需求，也可能因担心审批困难而放弃，进一步削弱了预算的灵活性和适应性。

预算调整机制的不完善可能引发其他问题。例如，由于调整条件和标准不明确，一些单位可能随意调整预算，损害预算的权威性和严肃性。而审批程序的烦琐则导致单位在应对变化时反应迟钝，错失发展机遇。此外，不完善的预算调整机制还可能降低单位的财务管理效率，增加管理成本，对单位的长期发展构成不利影响。

（四）预算执行与绩效目标脱节

尽管事业单位日益重视预算绩效管理，但在预算执行的实践中，预算执行与绩效目标脱节的问题依然突出，这严重削弱了预算资金的使用效率，阻碍了预算绩效管理应有功能的发挥，进而影响了事业单位的高效运作与持续发展。

在预算编制阶段，部分单位设定的绩效目标不够清晰、具体，缺乏实践指导性和量化评估标准。绩效目标作为预算绩效管理的基石，应为预算执行提供明确指引和评价标准。然而，实际操作中，许多单位在设定绩效目标时面临挑战。例如，在编制项目预算时，仅设定了一些笼统的定性目标，如"提升服务水平""推动业务发展"等，而缺乏具体的量化指标。以某文化事业单位的文化活动项目为例，若其绩效目标仅设定为"提升文化活动服务水平"，却未明确服务水平的具体衡量标准，如观众满意度须达到的具体百分比、活动投诉率的控制范围等，那么在预算执行过程中，就无法准确评估项目是否达成预期绩效目标。即便活动结束，也难以有效评估预算资金的使用成效，无法判断资金是真正用于提升服务水平，还是被不当使用。

此外，部分单位在预算执行过程中，未能将绩效目标与预算执行情况紧密结合，缺乏对绩效目标实现情况的持续监控和深入分析，难以及时识别问题并采取改进措施，导致预算绩效管理流于形式。在预算执行中，对绩效目标实现情况的实时监控和深入分析是确保预算资金有效利用的关键。然而，许多单位尚未建立完善的监控和分析机制。例如，某教育事业单位在执行教学改革项目预算时，虽设定了提高学生学习成绩、增强学生综合素质等绩效目标，但在项目执行中，却未对这些绩效目标的实现情况进行持续跟踪和分析，也未定期收集学生成绩数据、开展学生满意度调查等，以评估项目实施效果。直至项目结束，才发现学生学习成绩未明显提升，综合素质也未有效增强，但此时已无法对项目进行及时调整和改进，预算资金已被使用，造成资源浪费。

预算执行与绩效目标脱节还会引发事业单位内部管理的混乱。由于无法准确评估预算执行效果，难以确定各部门和人员在项目中的贡献，从而影响绩效考核的公正性和有效性。这会降低员工的工作积极性和责任感，使员工对预算绩效管理失去信心，进一步加剧预算执行与绩效目标的脱节。

（五）缺乏有效的预算执行激励与约束机制

当前，众多事业单位在预算执行方面面临的一大挑战是缺乏有效的激励与约束机制，这一现状严重制约了事业单位预算管理水平的提升、资源配置的优化以及业务活动的高效开展，难以有效激发各部门及其成员参与预算执行管理的积极性和创造性。

一方面，对于在预算执行中表现突出的部门和个人，缺乏相应的正向激励措施，无法有效激发其积极性。在事业单位的日常运营中，那些能够高效执行预算、通过管理创新和流程优化实现预算节约的部门和个人，往往付出了巨大的努力。例如，某科研事业单位的一个科研项目团队，通过科学规划实验、合理配置资源，在确保项目质量的同时，显著降低了实验成本，为单位节省了可观的预算资金。然而，遗憾的是，这些优秀表现并未得到单位应有的认可和鼓励，既没有通过公开表彰树立榜样，也没有给予物质或精神上的奖励，如奖金、荣誉证书等。长此以往，这些部门和个人可能会感到自己的努力被忽视，从而在未来的预算执行中失去积极性，甚至可能回到之前那种不注重成本控制、按部就班的工作状态。

另一方面，对于预算执行不力、存在违规行为的部门和个人，也缺乏明确的惩罚措施和责任追究机制。一些部门在预算执行过程中存在超支、违规使用资金等问题，严重影响了单位的预算管理和资金使用效率。例如，某事业单位的一个业务部门在举办大型活动时，未能严格遵守预算规定，随意增加开支，导致预算超支，甚至还存在违规挪用预算资金的情况。然而，对于这些违规行为，单位并未采取相应的处罚措施，既没有对相关责任人进行批评教育，也没有实施扣减绩效工资、限制晋升机会等惩罚性措施。这种情况导致一些部门和个人对预算执行的严肃性认识不足，认为即使违规也不会受到实质性的惩罚，从而可能继续存在类似行为。这不仅破坏了单位的预算管理秩序，还可能引发其他部门的效仿，形成不良风气。

缺乏有效的预算执行激励与约束机制，还会对事业单位的整体发展产生不利影响。在资源有限的情况下，预算执行的效果直接关系到单位各项业务的顺利开展和目标的实现。如果无法有效调动各部门和人员的积极性，就无法实现资源的合理配置和高效利用，可能导致一些重要项目因资金不足而受阻，或者一些项目资金被严重浪费而得不到有效控制。同时，这种机制的缺失还可能影响单位内部的团结协作，容易引发部门间的矛盾和冲突，不利于单位的和谐稳定和长远发展。

第三节　预算监督与评价的现状与问题

一、预算监督与评价的现状

（一）监督与评价体系初步建立

随着对事业单位预算管理重视程度的提升，许多事业单位逐步搭建起了预算监督与评价体系。在监督方面，形成了内部监督与外部监督相结合的模式。内部监督由单位的财务部门、审计部门以及纪检监察部门协同开展。财务部门在日常工作中对预算执行情况进行实时监控，关注资金的流向和使用合规性；审计部门则定期进行专项审计，对预算编制、执行的全过程进行深入审查，查找潜在问题。外部监督主要来自财政部门、主管部门以及社会监督力量。财政部门通过制定相关政策和标准，对事业单位的预算管理进行指导和监督检查；主管部门依据行业特点和管理要求，对所属事业单位的预算情况进行监督。同时，一些事业单位也开始重视社会监督，通过信息公开等方式，接受社会公众对预算使用情况的监督。

在评价方面，事业单位开始尝试建立绩效评价体系。针对不同类型的预算项目，设定相应的绩效目标和评价指标。例如，对于科研项目，会设定科研成果产出、科研经费使用效率等评价指标；对于公共服务项目，会关注服务对象的满意度、服务覆盖范围等指标。通过对这些指标的考核，对预算项目的实施效果进行评价。

（二）信息化手段应用逐渐增多

为了提高预算监督与评价的效率和准确性，不少事业单位积极引入信息化手段。利用财务管理软件和预算管理系统，实现对预算数据的实时采集和分析。这些系统可以自动生成预算执行报表，展示预算执行进度、差异分析等信息，方便监督部门及时发现问题。同时，一些单位还开发了绩效评价管理系统，通过设定评价模型和算法，对预算项目的绩效进行量化评价。例如，通过系统自动抓取项目实施过程中的数据，与预设的绩效目标进行对比，生成绩效评价报告，为预算管理决策提供数据支持。

二、预算监督与评价存在的问题

尽管事业单位已初步构建起监督与评价体系，但这一体系仍存在诸多待完善之处，严重制约了预算管理的有效性，难以保障预算资金的合理使用与高效运作，进而对事业单位的健康发展和公共服务职能的履行造成了不利影响。

（一）监督机制不完善

1. 内部监督

部门间的协同机制尚不顺畅，职责划分模糊，信息沟通存在障碍。事业单位的内部监督涉及财务、审计、纪检监察等多个部门，各部门在预算监督中扮演着不同角色。然而，在实际工作中，部门间的职责界限往往不够明确。以财务部门和审计部门为例，财务部门在财务管理和会计核算中能够敏锐捕捉到预算执行中的一些问题，如资金支出的合理性与合规性异常。但受限于沟通机制不畅，财务部门发现的问题难以及时传递给审计部门，导致审计部门在审计时无法提前掌握这些关键信息，难以精准定位并深入调查核实相关问题。这不仅降低了审计工作效率，还可能遗漏重要问题，削弱了审计的监督效能。

2. 外部监督

财政部门、主管部门等监督主体间缺乏有效的协调配合，存在监督重叠与监督盲区。财政部门主要关注资金来源、分配及使用的合规性，而主管部门则更侧重于事业单位业务开展的合理性及与部门职能的契合度。然而，由于各监督主体间缺乏统一的协调机制，常出现监督重叠现象，如对同一项目的资金使用情况进行重复检查，既浪费监督资源，又增加事业单位负担。同时，由于职责划分不明，也容易出现监督盲区，一些跨领域或跨部门的问题因各监督主体间的推诿扯皮而得不到有效监督和处理。

（二）评价机制不健全

绩效评价指标体系尚不够科学合理，部分指标过于宽泛，缺乏针对性和可操作性。绩效评价指标是衡量预算项目实施效果的关键依据，其科学性和合理性直接影响评价结果的准确性和公正性。然而，目前一些事业单位的绩效评价指标体系存在诸多问题。例如，部分绩效评价指标仅笼统表述为"完成任务""达到目标"，缺乏具体的量化标准和明确的评价方法。以一个文化事业单位的文化活动项目为例，若绩效评价指标仅为"完成文化活动任务"，则无法准确反映活动的实际效果，活动参与人数、观众满意度、文化传播影响力等关键因素均未得到体现，导致评价结果缺乏可信度，无法为预算管理提供有效参考。

此外，绩效评价的范围不够全面，过于关注项目的直接产出，而忽视了项目的长期效益和社会效益。在实际预算项目中，许多项目的效益具有滞后性，短期内难以显现。例如，教育事业单位的师资培训项目，其效果可能需在教师将所学知识和技能应用于教学实践一段时间后才能体现，对学生学习成绩和综合素质的提升也需时间。然而，目前的绩效评价往往仅关注培训项目的直接产出，如培训人数、培训课程数量等，而忽视了这些长期效益。同时，一些项目还具有重要的社会效益，如医疗卫生事业单位的公共卫生服务项目，对提高居民健康水平、促进社会公平等方面具有重要意义，但在绩效评价中，这些社会效益往往未得到足够重视和体现。

（三）信息化应用深度不足

虽然信息化手段在预算监督与评价中得到了应用，但应用深度还远远不够。一方面，一些事业单位的预算管理系统功能较为单一，只能实现基本的预算编制和执行数据记录，缺乏对数据的深入分析和挖掘功能。例如，系统无法自动对预算执行差异进行原因分析，需要人工进行大量的排查工作。另一方面，各信息系统之间缺乏有效的集成和数据共享。财务系统、预算系统、绩效评价系统等相互独立，数据不能及时互通，导致在进行预算监督与评价时，需要人工进行数据的整理和整合，这不仅增加了工作量，还容易出现数据错误和不一致的情况。

（四）人员专业能力有待提高

部分财务与预算管理人员在理解和应用预算管理政策法规方面存在不足，这在实际工作中引发了显著的合规风险。随着预算管理政策法规的不断更新和完善，一些管理人员未能及时跟进学习，导致对新政策的理解不够深入，难以准确把握其具体要求。例如，在《中华人民共和国预算法》修订后，对预算编制的完整性、执行的规范性以及调整的严肃性提出了更高要求，但部分管理人员仍沿用旧有的方法和习惯，未充分考虑新政策的规定，从而在预算编制和执行过程中存在合规隐患。例如，收入预算可能未全面纳入应计项目，支出预算则可能超出规定范围和标准，甚至在无意识中违反了禁止挪用专项资金、擅自调整预算等规定，一旦被发现，将面临严厉处罚。

同时，审计与绩效评价领域也面临着专业人员缺乏专业评价方法和技术的挑战。在复杂多变的经济环境中，预算项目的多样性和复杂性对评价工作提出了更高要求。然而，部分审计和绩效评价人员仍局限于传统的定性分析方法，如主观判断和经验总结，未能运用科学的定量分析方法，如成本效益分析、投入产出分析等，来全面、客观、准确地评估项目的实际效益和影响力。例如，在对科研项目进行绩效评价时，仅关注项目是否按时完成和取得一定成果，而忽视了对项目投入与产出之间关系的深入分析，以及项目对社会、经济、科技等方面的长远影响。这种简化的评价方式不仅不能为预算管理提供有价值的参考，还可能导致评价结果出现偏差，影响资源的合理配置和项目的后续发展。

此外，预算监督与评价工作涉及多个学科领域的知识和技能，而当前相关人员的知识结构相对单一，缺乏综合能力，这也是制约工作质量和效率的重要因素。预算监督与评价工作需要工作人员具备扎实的财务、审计、统计和管理等多方面的知识。然而，现实中许多人员往往只精通其中一个领域，如财务人员对审计和统计知识了解有限，审计人员则可能缺乏财务管理和项目管理方面的知识。这种知识结构的单一性使得工作人员在面对复杂的预算监督与评价任务时，难以全面、有效地开展工作，从而影响了工作的整体质量和效率。因此，提升财务与预算管理人员对新政策法规的理解和应用能力，加强审计与绩效评价人员的专业评价方法和技术培训，以及提高相关人员的综合知识和能力，是当前亟待解决的问题。

（五）监督与评价结果应用不足

当前，众多事业单位在预算监督与评价结果的应用上存在明显短板，这一现状极大地削弱了预算监督与评价工作的实际效能，导致预算管理难以达成既定目标，对事业单位的资源配置、管理效率及长远发展构成了诸多障碍。

在监督层面，尽管能够揭示预算管理中的一系列问题，但针对这些问题的整改落实却缺乏有力的跟踪与推动机制。预算监督的核心不仅在于发现问题，更在于解决问题，以保障预算管理的规范性和有效性。然而，实践中，一些事业单位在发现预算编制不合理、执行违规等问题后，后续的整改措施往往浮于表面。部分单位仅通过内部通报的方式指出问题，却未明确整改责任主体、时间节点及具体要求。例如，某事业单位在监督中发现超预算支出情况，仅发布通报而未深入督促相关部门分析原因、制定整改措施。这种缺乏跟踪与推动的做法，可能导致问题被忽视，继续以原方式执行预算，进而破坏预算管理的严肃性，加剧资源浪费，影响单位正常运转。

在评价层面，绩效评价结果与预算编制、资金分配等环节的衔接不够紧密。绩效评价作为预算管理的重要环节，其结果应成为预算编制和资金分配的重要参考，以促进资源优化配置和预算资金高效使用。然而，现实中，即使某些预算项目绩效评价结果不佳，也未对其预算安排进行相应调整。例如，某事业单位的科研项目绩效评价显示投入产出比低、实际应用价值不高，但后续预算编制中仍按原额度安排，未根据评价结果减少预算或优化项目。这种情况削弱了绩效评价的激励和约束作用，降低了项目负责人及相关部门对绩效评价的重视度，不利于提升预算项目实施效果。

此外，绩效评价结果也未充分融入单位内部管理和决策中，无法为战略规划和业务发展提供有力支撑。绩效评价结果不仅反映预算项目实施效果，还蕴含着单位资源配置、业务流程、管理效率等方面的关键信息。然而，许多事业单位未深入挖掘和分析这些信息，仅将绩效评价结果作为档案保存。在制定战略规划时，未参考绩效评价结果中业务领域绩效及问题信息，导致战略规划缺乏针对性和科学性。在业务发展方面，也未根据绩效评价结果进行优化调整，难以及时发现并解决瓶颈问题。这种对绩效评价结果的忽视，使得单位无法从预算管理中汲取宝贵经验和教训，难以实现管理提升和业务可持续发展。

（六）社会监督参与度不高

尽管部分事业单位已开始重视社会监督的作用，但在实际操作层面，社会监督的参与度依然偏低，这导致事业单位的预算管理缺乏必要的外部制衡和监督力量，进而影响了预算管理的透明度和公信力，同时也未能充分保障社会公众的知情权和监督权。

一方面，事业单位在预算信息公开方面存在不足，公开的信息不够详尽和具体，使得社会公众难以深入了解预算资金的具体流向和使用情况。预算信息的全面、准确公开是公众参与监督的前提。然而，当前许多事业单位在预算信息公开上仍有待加强。一些单位仅公布了预算收支的总体概况，如年度预算总收入和总支出的数额以及大致的收支分类，但对于具体项目的资金分配和使用细节则未予披露。例如，在教育领域，公众可能仅能了解到教育经费的总体投入，但对于这些经费如何具体分配到各学校、各学科建设项目，以及用于教师培训、教学设备购置等方面的具体金额则无从知晓。在医疗卫生领域，公众或许只能了解到医疗事业经费的总体规模，但对于这些经费在不同医院、不同医疗服务项目上的具体分配和使用情况则一无所知。这种信息公开得不充分，使得社会公众难以对预算资金使用的合理性和合规性做出准确判断，从而难以有效参与预算监督。

另一方面，社会公众参与预算监督的渠道不够畅通，缺乏有效的投诉举报和反馈机制。即使公众发现了预算管理中存在的问题，也往往因缺乏合适的反映和监督途径而无法充分发挥监督作用。在现有的事业单位预算管理体系中，尽管可能设置了一些监督渠道，但在实际操作中却存在诸多障碍。例如，一些单位虽然公布了投诉举报电话或邮箱，但公众在拨打投诉举报电话或发送邮件反映问题时，往往得不到及时有效的回应，或者回应只是流于形式，未对问题进行实质性调查和处理。此外，对于公众反映的问题，也缺乏明确的反馈机制，公众无法得知自己的举报是否被受理以及处理结果如何。这种情况导致公众对参与预算监督失去信心，即使发现问题也不愿再反映。除了投诉举报渠道不畅外，公众参与预算监督的方式也相对单一，缺乏多样化的参与途径，如公众听证会、民意调查等，使得公众难以充分表达自己的意见和建议，无法真正参与到预算管理的过程中。

社会监督参与度的不足还会使事业单位在预算管理中缺乏足够的外部压力，容易滋生不规范行为。缺乏社会公众的有效监督，事业单位在预算编制、执行等环节可能出现较大的随意性，导致资金浪费等问题，而这些问题可能难以及时被发现和纠正。同时，这也将影响社会公众对事业单位的信任度，降低事业单位的社会形象和公信力。因此，提升社会监督的参与度，加强预算信息的公开和透明，畅通公众参与预算监督的渠道，是提升事业单位预算管理水平、增强预算透明度和公信力的关键所在。

第三章

事业单位预算编制的优化策略

第一节　提高预算编制的科学性

一、引入先进预算编制方法

（一）零基预算法

零基预算法作为一种创新的预算编制方法，其核心在于打破传统对基数的依赖，促使各部门以全新的视角，从零起点对所有业务活动的必要性、合理性以及成本效益进行全面且深入的评估。这种方法摒弃了以往仅仅基于上年度预算基数进行简单增减调整的模式，更加注重资源的有效配置和使用效率的提升。

以某公立医院为例，在编制设备购置预算时，零基预算法的实施步骤如下。

1. 现有设备使用效率量化分析

通过计算设备利用率这一关键指标，来准确衡量现有设备的使用情况。设备利用率的计算公式为：设备利用率 = 实际使用时长 / 理论可用时长 × 100%。例如，某台医疗设备理论上每年可用时长为 8760 小时（一年按 365 天，每天 24 小时计算），而实际使用时长为 6570 小时，那么该设备的利用率为 6570 / 8760 × 100% = 75%。通过对每台设备的利用率进行分析，医院可以清晰地了解到哪些设备处于高负荷运转，哪些设备存在闲置浪费的情况，为后续的设备购置决策提供重要依据。

2. 新购设备经济性论证

运用成本效益分析中的净现值（NPV）公式来评估新购设备的经济性。净现值公式为：$NPV = \sum$（现金流入 – 现金流出）$/（1 + r）^t - C_O$，其中 r 为折现率，t 为时间周期。假设医院计划购置一台新型磁共振成像设备，购置成本为 2000 万元，预计使用年限为 10 年。在这 10 年中，每年因该设备带来的医疗收入增加额为 500 万元，同时每年需支付设备维护费用、操作人员工资等现金流出共计 100 万元。设定折现率为 8%，则可以逐年计算该设备的净现金流量（现金流入 − 现金流出），并按照公式计算每年的净现值，最后将 10 年的净现值相加，得到该设备的总净现值。如果总净现值大于 0，说明从经济角度来看，购置该设备是可行的；反之，则需要重新考虑购置决策。

（二）滚动预算法

滚动预算法的优势在于建立了一种动态的调整机制，使预算周期与业务周期紧密结合，能够更好地适应市场环境和业务变化的不确定性。对于科研事业单位而言，采用三年滚动预算模式是一种较为有效的方式。

以某科研事业单位的科研项目为例，具体实施过程如下。

1. 预算数据年度更新

每年对预算数据进行更新，通过计算项目进度系数来反映项目的实际进展情况。项目进度系数的计算公式为：项目进度系数 = 实际完成工作量 / 计划工作量。例如，某科研项目计划在三年内完成特定数量的实验研究和论文发表任务，第一年计划完成总工作量的 30%，而实际完成了 25%，那么第一年的项目进度系数为 25% / 30% ≈ 0.83。通过计算项目进度系数，科研事业单位可以直观地了解到项目是否按照预期计划推进，为后续的预算调整提供依据。

2. 未来资金需求预测

运用回归分析的方法来预测未来资金需求。假设回归方程为 $Y=a+bX$，其中 Y 为预算额，X 为项目进度系数，a 和 b 为通过历史数据回归分析得到的参数。科研事业单位可以收集以往类似科研项目的预算数据和项目进度数据，利用统计软件进行回归分析，确定 a 和 b 的值。例如，经过回归分析得到 $a=100$（万元），$b=20$（万元 / 单位进度），当某科研项目的项目进度系数为 0.83 时，根据回归方程预测该项目当年的预算额为 $Y=100+20×0.83=116.6$（万元）。

二、构建数据驱动的预测模型

（一）收入预测模型

1. 运用时间序列分析预测财政补助收入波动

时间序列分析中的 ARIMA（自回归积分滑动平均）模型是一种强大的

工具，可用于捕捉财政补助收入随时间变化的规律和趋势。对于事业单位来说，财政补助收入往往受到国家政策、经济形势等多种因素的影响，呈现出一定的时间序列特征。在构建 ARIMA 模型时，首先要对历史财政补助收入数据进行平稳性检验。如果数据不平稳，需要对其进行差分处理，使其满足平稳性条件。然后，通过自相关函数（ACF）和偏自相关函数（PACF）来确定模型的参数 p（自回归阶数）、d（差分阶数）和 q（移动平均阶数）。例如，某事业单位收集了过去 10 年的财政补助收入数据，经过平稳性检验发现数据不平稳，进行一阶差分后满足平稳性条件。通过分析 ACF 和 PACF 图，确定 ARIMA 模型的参数为 $p = 2$，$d = 1$，$q = 1$，即建立 ARIMA（2，1，1）模型。利用该模型对未来的财政补助收入进行预测，可以得到较为准确的波动趋势，为预算编制提供可靠的依据。

2. 结合业务量指标测算事业收入

以学校为例，在校生人数增长率是一个重要的业务量指标，对事业收入（如学费收入）有着直接的影响。某高校学费收入预测公式为：学费收入 = ∑（各专业在校生人数）× 学费标准 ×（1 + 学费调整系数）×（1 + 在校生人数增长率）。在实际应用中，各专业在校生人数可以通过学校的招生计划、学生流失率等数据进行估算。学费标准由教育部门或学校根据相关政策和市场情况确定。学费调整系数则反映了学费可能的调整幅度，通常与通货膨胀率、教育成本等因素有关。在校生人数增长率可以通过对过去几年招生数据的分析和对未来招生趋势的预测来确定。例如，某高校有三个专业，分别为专业 A、专业 B 和专业 C。专业 A 在校生人数为 500 人，学费标准为每年 5000 元，学费调整系数为 0.05；专业 B 在校生人数为 400 人，学费标准为每年 6000 元，学费调整系数为 0.03；专业 C 在校生人数为 300 人，学费标准为每年 7000 元，学费调整系数为 0.02。预计下一年度在校生人数增长率为 0.08。

则该高校下一年度学费收入如下。

［500 × 5000 ×（1+0.05）+400 × 6000 ×（1+0.03）+300 × 7000 ×（1+0.02）］×（1+0.08）=［500 × 5000 × 1.05+400 × 6000 × 1.03+300 × 7000 × 1.02］× 1.08=［2625000+2472000+2142000］× 1.08

=7239000 × 1.08

=7818120（元）

（二）支出测算模型

1. 建立成本动因数据库

构建成本动因数据库是实施作业成本法（ABC 法）的基石。成本动因，作为驱动成本发生的核心要素，其精确分析对于成本的合理分配与管理效率的提升至关重要。通过深度挖掘成本动因，我们能将成本精确追溯至各个作业及成本对象，为组织提供精确的成本信息，支撑科学决策的制定。

医院作为一个复杂系统，其成本动因多样且广泛。医疗服务数量是首要考虑的成本动因。门诊量的增减直接影响医护人员的工作量、药品消耗及医疗设备的使用频率。例如，内科门诊在流感季节因患者激增，导致医生工作量加大、药品消耗增加，从而提高成本。住院人数的变化同样显著影响成本，包括病房占用、护理服务、检查及治疗费用等。手术次数也是不可忽视的成本动因，每台手术均需消耗大量资源，如手术器械、麻醉药品及医护人员时间，且不同类型手术的成本动因影响各异。

治疗时长同样是医院成本动因的重要组成部分。复杂疾病治疗周期长，占用医疗资源（如病房、设备）及医护人员精力，导致成本上升。如慢性疾病患者需长期住院，医疗费用、护理费用及设备使用成本均随之增加。特殊治疗手段（如放疗、化疗）的时长也直接影响成本。

设备使用频率是决定医院成本的另一关键因素。医疗设备购置、维护及运行成本高昂。使用频率越高，设备磨损越快，维护成本越高。如 CT 扫描仪、核磁共振成像仪等大型设备，开机时间与检查次数直接影响折旧、电力消耗及维护费用。高频使用可能导致设备提前更新换代，进一步增加成本。

为准确收集与整理这些成本动因数据，医院可依托信息化系统。通过构建全面的信息化管理平台，实时记录各科室门诊量、住院人数、手术次数及设备使用时间等数据。如门诊量记录、挂号系统可与成本管理系统对接，患者挂号时自动记录信息并传输至成本动因数据库。住院人数统计则由病房管理系统实时更新，为成本核算提供数据支持。设备管理系统实时监测设备状态，将数据反馈至数据库。

构建详尽的成本动因数据库，为医院后续成本分摊提供坚实基础。可根据不同成本动因，采用科学方法将成本准确分摊至科室、医疗项目及患者。

如设备成本可按使用时间或次数分摊，人工成本则可根据科室工作量或时间分配。这有助于医院清晰了解各医疗服务项目成本构成，优化资源配置、控制成本支出及制定合理收费标准。

2. 通过作业成本法细化支出分类

作业成本法将医院的运营活动划分为不同的作业，如诊断作业、治疗作业、护理作业等。每个作业都有相应的成本动因，通过计算各项作业动因量和单位作业成本，可以将间接成本准确地分摊到各个科室。某科室间接成本 = ∑（各项作业动因量 × 单位作业成本）。

例如，某医院的手术室，其间接成本包括设备折旧、水电费、消毒用品费等。假设手术室的设备折旧成本为 10000 元，水电费为 5000 元，消毒用品费为 3000 元，总间接成本为 18000 元。手术室的主要作业动因是手术台次，该月共进行了 100 台手术。其中，心脏手术 20 台，每台手术的单位作业成本（根据历史数据和成本分析确定）为 200 元；普通外科手术 50 台，每台手术的单位作业成本为 100 元；骨科手术 30 台，每台手术的单位作业成本为 150 元。

则该月手术室的间接成本分摊如下。

心脏手术分摊成本 = 20 × 200 = 4000 元

普通外科手术分摊成本 = 50 × 100 = 5000 元

骨科手术分摊成本 = 30 × 150 = 4500 元

通过作业成本法，医院可以更加准确地核算每个科室的成本，为预算编制和成本控制提供更详细的信息，有助于优化资源配置，提高运营效率。

三、加强预算编制的前期调研和分析

在着手进行预算编制之前，深入而全面的调研活动是不可或缺的，它涉及搜集并解析与预算紧密相关的多元化信息。这一步骤对于确保预算既科学合理又贴合单位的实际需求至关重要。通过高效的前期调研与细致分析，预算能够更加精确地映射出单位的业务运作状态和财务健康度，进而提升其精确度和可操作性，为单位的长远发展提供坚实的财务基石。

就收入预算的编制而言，透彻理解财政政策、市场环境以及单位业务发展趋势等外部因素对收入潜力的影响尤为重要。财政政策的调整往往直接波及事业单位的财政补助进账。例如，政府对特定行业的扶持加码，可能会带动相关事业单位的财政拨款增加；相反，财政紧缩政策则可能导致补助减少。以教育事业单位为例，国家新出台的教育投资政策若加大对基础教育的扶持力度，中小学便有望获得更多财政资源来改善教学设施和提升教师薪酬。因此，事业单位需时刻保持对财政政策变动的敏锐洞察，迅速评估其对自身收入流的影响。

市场环境同样是塑造收入预算的重要力量。对于拥有事业收入的事业单位来说，市场需求的起伏和竞争态势直接关乎其收入状况。以文化事业单位（如剧院、博物馆）为例，其事业收入主要源自门票销售和文化活动策划等。若市场对文化产品和服务的需求高涨，且单位在竞争中占据优势地位，能够提供高品质、受欢迎的文化产品，其事业收入自然水涨船高。反之，则需调整策略，拓宽业务渠道，以保持或提升收入水平。此外，单位自身业务能力的增强也是推动事业收入增长的关键因素。科研事业单位通过强化科研创新能力，取得更多科研成果，这些成果可转化为技术转让收入、科研项目合作收入等，从而丰富单位的事业收入来源。

在支出预算的编制过程中，对各项业务活动进行详尽的成本效益分析是不可或缺的。以学校为例，在制定教学设备采购预算时，不仅要掌握设备的市场价格，还要考虑其使用寿命和维护成本等长远因素。设备市场价格是预算编制的起点，但仅凭价格判断显然不够全面。例如，低价电脑可能因性能不稳定、寿命短而需频繁更换，反而增加总体成本。因此，在选择设备时，需综合权衡性能、质量和价格。同时，设备的维护成本也不容忽视。部分设备需定期保养维修，维护费用可能随使用年限增加而攀升。通过综合分析设备的市场价格、使用寿命和维护成本，可制定出合理的预算，避免预算短缺或资金浪费。

除内部成本效益分析外，参考同行业类似单位的预算数据，进行对比分析，也是优化预算编制的有效途径。同行业类似单位的预算数据可为单位提供宝贵参考，帮助识别差距与不足。例如，学校在编制预算时，可与同类型学校进行对比，了解其在教学设备采购、人员经费、公用经费等方面的预算配置。若发现自身在某方面预算显著高于或低于其他学校，则需深入剖析原因，查找问题根源。这可能是由于管理效率低下，或是预算编制未能充分反映实际需求。通过对比分析，单位可借鉴他山之石，优化自身预算编制，提升预算的合理性和科学性。

四、提高预算编制人员的专业素质

预算编制工作是事业单位财务管理的核心环节，它横跨财务与业务两大领域，对编制人员的专业素养提出了高标准要求。一个科学合理的预算方案，能够为单位的资源配置、业务推进及战略规划奠定坚实基础，而拥有高素质的专业编制人员，则是达成这一目标的决定性因素。因此，加大对预算编制人员的培训力度，提升其业务能力和综合素质，显得尤为关键。

为了全面提升预算编制人员的专业素养，培训内容的多样性和全面性至关重要。首要的是，预算编制人员必须精通相关政策法规。随着国家对预算管理重视程度的加深，相关法规政策也在持续更新和完善。例如，新修订的《中华人民共和国预算法》对预算编制的完整性、执行的严肃性、调整的规范性等方面均提出了更高要求。编制人员需紧跟政策动态，确保预算编制工作合法合规。参加财政部门或行业协会组织的预算编制培训班，是掌握最新政策的有效渠道。在培训班上，编制人员能系统学习政策法规，与同行交流心得，深化对政策的理解和应用。

掌握科学的方法和技巧，对于提高预算编制的准确性和效率同样重要。预算编制涉及复杂的数据分析和预测，需运用专业方法。在收入预算编制时，应运用趋势分析、因素分析等手段，综合考量财政政策、市场环境、单位业务趋势等因素，合理预测收入。在支出预算编制时，则需采用成本效益分析、零基预算等方法，对业务活动的成本进行细致剖析，确定合理的预算额度。邀请专家开展讲座，分享预算编制的实战经验和案例，有助于编制人员掌握这些方法与技巧。专家可通过具体案例，讲解不同情境下如何灵活运用各种方法，使编制人员更好地理解和应用这些方法。

财务管理知识是预算编制人员不可或缺的素养。预算编制与财务管理紧密相连，编制人员需掌握财务管理的基本原理和方法，如财务分析、资金管理、成本控制等。通过学习财务管理知识，编制人员能更深入地理解预算编制在财务管理中的作用，提升预算编制的质量。例如，在预算编制过程中，可运用财务分析手段评估单位财务状况，为预算编制提供参考。同时，通过成本控制方法优化预算支出结构，提高资金使用效率。

深入了解业务知识，对于提高预算编制的科学性和合理性同样重要。预算编制需紧密贴合单位的业务活动，编制人员需熟悉单位的业务流程、特点和需求。通过轮岗交流等方式，让编制人员亲身体验业务活动，增强对业务的理解和把握。例如，编制人员可到业务部门轮岗，深入了解业务部门的实际需求。这样，在编制预算时，能更准确地把握业务活动的成本和资金需求，使预算更加贴近实际。

鼓励预算编制人员参加职业资格考试，如注册会计师、注册税务师等，也是提升其专业能力的有效途径。职业资格考试是对编制人员专业知识和技能的全面检验，通过考试能系统学习相关知识，提升专业水平。同时，获得职业资格证书还能增强编制人员的职业竞争力，为其职业发展拓展更广阔的空间。

第二节　强化预算编制的规范性

一、完善预算编制流程

（一）明确预算编制各环节时间节点

制定详细的预算编制时间计划表，明确从预算编制启动到最终审批通过的每一个关键时间节点，这是保障预算编制工作顺利开展、提高预算质量的重要举措。合理规划时间节点，有助于各部门有条不紊地推进预算编制工作，避免因时间安排不当而导致的混乱和失误，使预算能够更加科学、准确地反映单位的业务需求和财务状况。

在每年的 7 月初启动预算编制工作，标志着预算编制流程的正式开始。这一时间节点的确定，给予了各部门充足的时间去梳理业务、预估资金需求。在 7 月中旬，各部门完成本部门业务需求和资金预估的初步整理。在这个阶段，各部门需要对自身的业务活动进行全面回顾和规划。以学校的教学部门为例，需要考虑新学年的教学计划，包括课程开设情况、学生数量变化、师资配备需求等，从而预估出教学活动所需的资金，如教材采购费用、教师培训费用、教学设备购置费用等。对于科研部门，则要根据科研项目的立项情况和进展计划，估算出科研项目的经费需求，涵盖实验设备采购、实验材料费用、科研人员劳务费用等方面。通过各部门对业务需求和资金的初步整理，为后续的预算编制提供了基础数据。

8月上旬，财务部门收集各部门预算草案并进行初步审核。财务部门作为预算编制的核心部门，承担着汇总和审核的重要职责。在收集各部门预算草案时，财务部门需要确保数据的完整性和准确性。对于一些模糊不清或存在疑问的数据，要及时与相关部门沟通核实。在初步审核过程中，财务部门会从财务专业角度出发，检查预算草案是否符合单位的财务政策和规定，各项资金的安排是否合理，是否存在预算缺口或资金浪费的潜在风险。例如，审核各部门的人员经费预算是否与单位的编制情况相符，公用经费预算是否在合理范围内等。8月下旬组织召开预算协调会议，这是解决预算编制过程中存在争议或不合理预算项目的关键环节。在预算编制过程中，由于各部门的业务重点和需求不同，可能会出现对某些预算项目的理解和安排不一致的情况。通过召开预算协调会议，各部门可以充分表达自己的意见和见解，对存在争议的预算项目进行深入讨论。例如，在某事业单位中，业务部门希望增加某项业务拓展活动的预算，以提升单位的市场影响力，但财务部门可能认为该预算过高，超出了单位的承受能力。在会议上，双方可以就活动的必要性、预期效果、成本效益等方面进行分析和讨论，寻求一个合理的解决方案。对于不合理的预算项目，也可以在会议上及时进行调整，确保预算的合理性和可行性。

9月底前完成预算草案的修订并提交单位预算管理委员会审议。经过前期的部门整理、财务审核和协调会议的讨论调整，预算草案已经基本成型。在这个阶段，需要对预算草案进行最后的修订，确保各项数据准确无误，预算内容符合单位的战略目标和实际情况。提交给单位预算管理委员会审议时，预算管理委员会会从单位的整体利益出发，对预算草案进行全面审查。委员会成员可能包括单位的领导、各部门负责人以及相关专家等，他们会对预算草案的合理性、科学性、可行性进行评估，提出宝贵的意见和建议。10 月中旬根据委员会意见进行再次修改后报送上级主管部门审批。单位预算管理委员会的意见是对预算草案的进一步完善和优化。预算编制人员需要认真研究委员会的意见，对预算草案进行有针对性的修改。在修改过程中，要确保修改后的预算既符合委员会的要求，又能满足单位的实际需求。完成再次修改后，将预算草案报送上级主管部门审批。上级主管部门会从宏观层面和政策要求出发，对预算进行审核，确保预算的合规性和合理性。明确预算编制各环节时间节点，能够使整个预算编制工作按照预定的计划有序进行。各部门和相关人员清楚知道在每个时间点需要完成的任务，避免了因时间仓促而导致的预算编制不细致、不准确等问题。通过合理安排时间，充分进行沟通和协调，能够提高预算编制的质量，为单位的财务管理和业务发展提供有力的支持。

（二）细化预算编制责任分工

清晰界定各部门在预算编制流程中的角色与职责，是构建科学、合理且精确的预算编制体系的关键基石。通过细化各部门的任务和责任，不仅能激发各部门的积极性和创造力，还能显著提升预算编制的效率与质量，同时便于对预算过程实施有效的监控与管理。

财务部门在预算编制中扮演着核心统筹的角色，承担着至关重要的职责。其首要任务是制定预算编制的总体框架与规范，这包括明确预算编制的流程、方法、时间线以及数据格式等具体要求。例如，选择适合的预算编制方法（如零基预算或增量预算），设定统一的预算指标计算标准，以及规划预算编制的各阶段时间节点。这些规则的建立，为各部门提供了明确的操作指南，确保了预算编制的规范统一。财务部门的另一项核心工作是审核各部门的预算草案，确保其合规性、精确性和完整性。合规性审核聚焦于预算草案是否符合国家法律法规、政策导向以及单位内部的财务管理规定。精确性审核则要求仔细核对预算数据，确保各项预算指标的计算准确无误，如人员经费、项目经费等。完整性审核则强调预算草案是否全面覆盖了所有相关的业务活动和资金需求，避免遗漏或预算不全面的情况。

在汇总与平衡预算数据方面，财务部门也发挥着关键作用。通过对各部门预算草案的整合与分析，财务部门确保整个单位的预算数据相互协调、逻辑一致。这包括确保收入与支出预算的平衡，避免预算赤字或资金闲置，以及在不同部门间合理分配资源，确保关键业务和重点项目获得足够的预算支持。

业务部门在预算编制中同样扮演着重要角色。它们需要深入分析本部门的业务活动，准确预测业务量和资金需求，并提供详尽的基础数据和项目预算说明。以教育机构的教学部门为例，教学计划是编制预算的重要依据。教学部门需根据课程设置、学生人数、教学方法等因素，详细分析对资金需求的影响，如新增课程所需的教材采购、教师授课费用及教学设备购置等。同时，还需准确预测学生人数的变化，以合理配置教学资源和资金。在教师培训方面，教学部门也应根据教师的专业发展和教学质量提升需求，合理规划培训项目和费用预算。

后勤部门则根据自身业务特点，编制合理的预算。在校园维护方面，后勤部门需详细规划建筑物的维修、绿化养护、设施设备维护等工作，并预估相应的材料费用、人工费用等。在物资采购方面，后勤部门应根据学校实际需求和库存情况，合理安排采购计划和预算，确保物资供应及时且成本合理。

通过明确各部门的职责与任务，预算编制工作得以更加高效、有序地进行，为单位的持续发展和资源优化配置提供有力支持。

（三）加强预算编制的沟通协调

建立定期的沟通机制，促进各部门之间的信息交流与协作。在预算编制过程中，组织多次跨部门的沟通会议，让业务部门和财务部门能够充分交流意见。例如，在编制科研项目预算时，科研部门与财务部门共同讨论项目的研究目标、实施计划和资金使用方向，确保预算能够满足科研工作的实际需求，同时符合财务规定。此外，还可以建立预算编制的沟通平台，如内部网络论坛或专门的预算管理软件，方便各部门随时交流预算编制过程中遇到的问题和想法，及时解决分歧，提高预算编制的效率和质量。

二、规范预算科目设置和核算

（一）统一预算科目标准

为了提升事业单位预算管理效能，构建一套与国家财政法规及行业标准相契合，同时紧密贴合单位实际业务需求的预算科目体系至关重要。这一体系为预算的编制、执行、分析及监督提供了坚实的框架，确保了预算数据的规范性、精确性和可比性，进而促进了资源的优化配置和财务管理的精细化。

在制定预算科目标准时，国家财政法规是不可或缺的基石。这些法规详细界定了预算管理的各项要求，包括预算科目的设置逻辑、核算范畴等，确保了预算管理的合法合规性。同时，行业标准作为另一重要参考，反映了特定行业的独特性及管理要求，有助于预算科目体系更好地适应单位业务特性。

明确预算科目的核算范围、内涵及分类标准，是构建统一预算科目体系的核心。以人员经费为例，通过细化基本工资、津贴补贴、奖金、社会保险费及住房公积金等科目，能够清晰地展现人员经费的构成，确保预算计算的准确性。同样，公用经费的科目也应详细划分，如办公费、差旅费、会议费等，以便于精细化管理，提高资金使用效益。

为确保预算数据的可比性和准确性，各部门在编制预算时应采用统一的科目名称和编码。这不仅能够避免数据汇总时的混乱，还能提升预算管理的信息化水平，便于数据的快速处理和深入分析。例如，若各部门采用统一的科目名称和编码，就能轻松实现预算数据的跨部门对比和分析，为决策提供有力支持。

此外，统一的预算科目标准还为预算分析和监督工作提供了便利。通过对预算数据的细致分析，可以洞察单位的资金流动、业务发展等关键信息，为战略决策提供数据支撑。在监督层面，统一的科目标准使监督过程更加规范、高效，能够及时发现并纠正预算执行中的偏差，确保预算目标的实现。

（二）细化预算科目层级

在统一的预算科目体系基础上，进一步细化科目层级，是提升预算管理精细化水平的关键举措。对于事业单位而言，尤其是像教育事业单位这类业务活动复杂多样的单位，细化预算科目层级能够更精准地反映预算资金的流向和用途，从而实现对预算资金的有效控制和管理，提高预算编制的科学性和准确性。

以教育事业单位为例，"教学业务费"作为一个重要的预算科目，涉及教学活动的多个方面。通过设置多级明细科目，能够将这一科目所涵盖的各项费用进行更细致地分类。在"教学业务费"科目下设置"实验材料费""教学资料费""教学差旅费"等二级科目，是对教学业务费的初步细化。"实验材料费"主要用于核算开展各类实验所需的原材料、试剂等费用，这些费用是教学实验顺利进行的物质基础；"教学资料费"则包括教材、参考书籍、学术期刊等教学资料的采购费用，对于教师的教学准备和学生的学习具有重要意义；"教学差旅费"是教师参加教学研讨会、学术交流活动等产生的差旅费用，有助于教师提升教学水平和专业素养。在"实验材料费"二级科目下还可以根据不同的实验项目设置三级科目，这是对预算科目层级的进一步细化。教育事业单位的实验项目种类繁多，不同的实验项目所需的材料和费用差异较大。例如，在物理实验中，可能需要购置特定的实验仪器和耗材；在化学实验中，各种化学试剂的费用也各不相同。通过设置三级科目，如"物理实验材料费""化学实验材料费"等，可以更准确地核算每个实验项目的成本，便于对实验教学资源进行合理配置。这也有助于学校对实验教学的成本进行监控和分析，及时发现成本过高或资源浪费的问题，并采取相应的措施加以解决。

细化科目层级带来的益处是多方面的。从预算编制的角度来看，更详细的科目层级能够使预算编制人员更全面地考虑教学业务活动的各项费用需求，避免遗漏重要的预算项目，提高预算编制的准确性。在预算执行过程中，细化的科目层级可以为各部门的费用支出提供更明确的指导，使他们清楚地知道每一笔资金的使用范围和用途，从而更好地控制费用支出，防止超预算情况的发生。对于预算管理部门来说，细化的科目层级便于进行预算分析和监督。通过对各级明细科目的数据进行分析，可以了解不同教学业务活动的成本结构和资金使用效率，为学校的决策提供有力的支持。例如，通过分析发现某个实验项目的材料费过高，学校可以进一步调查原因，是因为实验设计不合理导致材料浪费，还是市场价格波动等因素造成的，从而采取相应的改进措施。

（三）规范预算核算方法

为确保事业单位预算管理的科学性、规范性和有效性，制定一套详尽的预算核算制度，并明确各项预算收支的核算方法与流程，显得尤为重要。预算核算作为预算管理的核心环节，其准确性和完整性直接关系到预算数据的真实性，对于资金安排、成本控制及战略目标实现具有举足轻重的作用。

在收入预算方面，依据收入来源和性质进行精准核算，是保障收入数据真实性的基石。事业单位的收入来源广泛，涵盖财政拨款、事业性收入、经营性收入及捐赠收入等。各类收入因其特性及管理要求不同，需进行分类核算。以财政拨款为例，作为众多事业单位的重要资金来源，其核算需严格遵循财政部门的规定。财政拨款通常指定用途和使用范围，单位在核算时应确保专款专用，详细记录拨款金额、到账时间及使用详情。对于事业性收入，如学校学费、医院医疗服务费等，需结合业务活动实际，按照既定收费标准和核算流程进行核算，特别注意收入确认时点，确保收入数据真实反映经营状况。

在支出预算方面，依据预算科目和经济分类进行精准核算，并严格遵循权责发生制和收付实现制原则，是确保支出数据准确合理的关键。预算科目和经济分类为支出核算提供了明确框架，单位在核算时需将各项费用准确归类至对应科目。例如，办公费用需明确记录在"办公费"科目下，避免混淆。权责发生制和收付实现制在支出核算中需根据实际情况灵活运用。固定资产购置支出需按规定进行资本化处理并计提折旧，体现权责发生制原则，准确反映资产使用及成本消耗。费用性支出，如水电费、差旅费等，则需在实际发生时及时核算，遵循收付实现制原则，确保费用记录的时效性。

构建规范化的预算核算体系对于事业单位预算管理至关重要。通过制定详尽核算制度、精准核算收支、加强监督与检查，可提升预算数据质量，为单位决策提供可靠依据，促进其健康发展。未来预算管理工作中，事业单位应持续优化预算核算体系，适应内外部环境变化及管理要求，提升预算管理效能。

三、加强预算编制的审核监督

（一）建立多层次审核机制

构建由部门内部审核、财务部门审核和外部专家审核组成的多层次审核体系，是提升事业单位预算编制质量、保障预算合理性与科学性的关键举措。在预算管理过程中，单一的审核方式往往难以全面、深入地发现预算草案中存在的问题，而多层次审核机制通过不同层面、不同专业角度的审核，能够对预算草案进行全方位的审视和把关。部门内部审核作为预算审核的第一道防线，由各部门负责人组织本部门人员对预算草案进行初步审核。各部门作为业务活动的直接执行者，对自身业务有着最直接、最深入的了解。在审核过程中，重点检查预算项目的合理性、必要性和可行性，以及预算数据的准确性。以学校的教学部门为例，在审核教学相关预算草案时，会从教学计划和实际需求出发，判断购置新的教学设备是否合理。比如，若计划购置一批高端的实验仪器，教学部门会考量现有的教学任务是否真的需要这些仪器，以及它们的使用频率和预期效果。如果这些仪器的购置只是为了满足短期的、非关键的教学需求，或者使用频率极低，那么该预算项目的合理性就值得商榷。同时，教学部门还会仔细核对预算数据的准确性，包括设备的价格、数量等信息，确保预算数据能够真实反映实际需求。

财务部门审核则主要从财务角度对预算草案进行审核，在整个审核体系中起到承上启下的作用。财务部门需要关注预算收支的平衡情况，这是保证单位财务稳定运行的基础。如果预算支出远远超过预算收入，会导致单位出现财务赤字，影响正常的业务开展。因此，财务部门会对各项收入和支出进行细致的测算和分析，确保收支之间的合理匹配。预算科目使用的正确性也是财务部门审核的重点。不同的预算科目对应着不同的资金用途和管理要求，错误的科目使用会导致资金管理混乱。财务部门会严格按照财务制度和政策要求，检查预算编制是否合规。例如，是否存在违规列支项目、是否遵循了相关的审批流程等。

外部专家审核是多层次审核体系中的重要补充，能够为预算草案提供专业的意见和建议。对于重大项目预算或专业性较强的预算，邀请相关领域的专业人士或中介机构进行审核是非常必要的。以医院的大型医疗设备购置预算为例，医疗设备专家能够从专业技术角度出发，评估设备的性能、质量、适用性等方面。他们了解市场上各类医疗设备的技术特点和发展趋势，能够判断所购置的设备是否符合医院的医疗需求和长远发展规划。财务专家则会从成本效益、投资回报率等财务角度对设备购置预算进行分析。他们会考虑设备的采购成本、维护成本、使用寿命以及可能带来的经济效益等因素，评估预算的合理性和可行性。通过医疗设备专家和财务专家的联合审核，可以避免医院在设备购置过程中出现盲目投资、资源浪费等问题，确保预算的科学性和合理性。

建立多层次审核机制，通过部门内部审核、财务部门审核和外部专家审核的有机结合，能够充分发挥各审核主体的优势，从不同角度对预算草案进行全面审核。这不仅有助于提高预算编制的质量，减少预算失误和风险，还能为单位的资源配置和业务发展提供有力的支持，促进单位实现可持续发展。

（二）强化审核结果应用

在预算管理等工作中，审核是确保各项工作合规、合理、高效开展的重要环节。而对于审核过程中发现的问题，及时反馈并有效整改则是提升工作质量、完善管理体系的关键所在。只有将审核结果充分应用起来，才能真正发挥审核的作用，推动单位不断进步。

对于审核过程中发现的问题，及时反馈给相关部门进行整改是首要任务。当部门内部审核、财务部门审核以及外部专家审核等多层次审核体系完成对预算草案或其他工作内容的审核后，会形成一系列的问题清单。这些问题可能涉及预算项目的不合理性、数据的准确性、财务制度的遵循情况等多个方面。例如，在预算审核中发现某部门的业务活动预算存在高估的情况，或者在财务制度遵循方面存在报销流程不规范的问题。审核人员应迅速将这些问题整理汇总，并以清晰、准确的方式反馈给相关部门。反馈的内容不仅要指出问题所在，还应尽可能提供具体的证据和解释，以便相关部门能够准确理解问题的本质和严重性。同时，明确整改的时间要求和具体目标，使相关部门能够有针对性地制订整改计划。建立审核问题整改跟踪机制是确保问题得到有效解决的重要保障。仅仅将问题反馈给相关部门是不够的，还需要对整改过程进行持续的跟踪和监督。可以设立专门的整改跟踪小组，负责定期检查整改情况。这个小组可以由财务人员、审计人员以及相关业务部门的代表组成，以确保从不同角度对整改工作进行全面评估。定期检查的频率可以根据问题的严重程度和复杂程度来确定，一般可以是每周、每月或每季度进行一次检查。在检查过程中，整改跟踪小组要详细了解相关部门是否按照整改计划开展工作，是否已经解决了部分问题，以及在整改过程中遇到了哪些困难和挑战。对于已经完成整改的问题，要进行严格的验收。验收的标准应与整改目标相一致，确保问题得到了彻底解决，不会再次出现。如果发现某个问题的整改没有达到预期效果，整改跟踪小组应及时与相关部门沟通，分析原因，重新制订整改计划，并督促相关部门继续进行整改。对于整改过程中遇到的困难和挑战，整改跟踪小组应积极协调各方资源，提供必要的支持和帮助。例如，如果相关部门在整改过程中遇到技术难题，整改跟踪小组可以协调技术专家提供技术指导；如果是因为资源不足导致整改工作无法顺利进行，整改跟踪小组可以协调相关部门争取更多的资源支持。

（三）推进预算编制审计常态化

将预算编制审计纳入单位的日常审计工作范围，定期对预算编制过程和结果进行审计，是强化单位预算管理、提升财务管理水平的重要举措。在当今复杂多变的经济环境和日益严格的监管要求下，预算编制工作的科学性、合理性和合规性对于单位的稳定发展至关重要。常态化的预算编制审计能够及时发现并解决预算编制中存在的问题，为单位的资源配置和战略规划提供有力支持。

审计内容涵盖多个关键方面。首先，预算编制的程序是否合规。预算编制是一个严谨的过程，需要遵循特定的流程和规范。从预算编制的启动、各部门的参与、数据的收集与整理，到预算草案的形成、审核与最终确定，每一个环节都有相应的要求。例如，是否按照规定的时间节点开展预算编制工作，各部门之间的沟通协调是否充分，预算编制的决策过程是否透明、民主等。如果在某个环节出现程序不合规的情况，可能会导致预算编制的不公正、不合理，影响单位的正常运行。审计人员需要对这些程序进行细致的审查，确保预算编制工作在合法合规的轨道上进行。

其次，预算数据是否真实可靠也是审计的重点内容。预算数据是单位进行资源配置和决策的重要依据，其真实性和可靠性直接关系到预算的执行效果和单位的发展。审计人员需要对预算收入和支出数据进行全面核实，检查数据的来源是否可靠，计算是否准确。对于收入预算，要审查各项收入的预测是否合理，是否充分考虑了市场环境、政策变化等因素的影响；对于支出预算，要核实各项费用的预算是否与实际业务需求相符，是否存在虚报、高估或低估的情况。例如，在审核某事业单位的项目支出预算时，审计人员需要检查项目的成本估算是否准确，是否包含了所有必要的费用项目，以及费用的计算方法是否合理。

最后，预算项目是否符合单位的发展战略和业务需求同样不容忽视。单位的预算应该紧密围绕其发展战略和业务目标进行编制，确保资源能够合理配置到关键领域和重点项目。审计人员需要评估预算项目与单位发展战略的契合度，判断项目的必要性和可行性。如果某个预算项目与单位的战略方向不一致，或者在当前的业务环境下不具有实施的条件，那么该项目就可能存在资源浪费的风险。例如，对于一家以科技创新为核心战略的企业，其预算项目应该重点支持研发投入、技术创新等方面。如果审计人员发现企业在一些与核心战略无关的项目上投入了大量资源，就需要及时提出调整建议，以优化资源配置。

四、严格预算调整程序

（一）明确预算调整条件

为了维护预算的严肃性并确保单位财务的稳定运行，制定清晰的预算调整条件是至关重要的。在事业单位的日常运营中，预算不仅是资源配置和业务规划的基础，还需保持其稳定性和权威性。然而，鉴于内外部环境的不断变化，有时对预算进行适当调整是必要的。因此，设定合理的预算调整条件，旨在平衡预算的灵活性与稳定性，防止随意变动，以维护预算管理的秩序。

当国家政策出现重大调整时，往往会对事业单位的业务运营和财务状况产生显著影响。例如，教育领域若推出新的教育政策，加大对职业教育的投入，相关职业院校可能需要调整预算，以适应新增的教学设施建设、师资培训等需求。同样，在医疗卫生领域，若国家医保政策有重大变革，可能会影响医院的收入构成和服务模式，导致原预算无法适应新环境，需要进行相应调整。这种因政策变动而进行的预算调整，旨在使单位更好地响应国家政策，履行社会责任。

不可抗力因素，如自然灾害和突发公共事件，也是预算调整的重要考量。自然灾害如地震、洪水等，可能对单位的基础设施和设备造成严重破坏，需要额外的修复和重建资金。例如，受灾学校可能需要调整预算，以修复受损的教学楼和实验室等设施。突发公共事件如新冠疫情，对医疗、教育等事业单位造成巨大冲击，需要紧急增加物资采购、人员配备等预算，以应对疫情防控需求。这些因不可抗力而进行的预算调整，旨在确保单位在特殊情况下能够正常运行，减少损失。

单位业务活动的重大调整同样构成预算调整的合理理由。随着市场需求和单位战略的变化，业务活动可能会发生重大转变。例如，科研事业单位决定开展新的科研项目，或企业为应对市场竞争进行业务转型，可能需要购置新设备、引进人才等，导致原预算无法满足需求。

在明确预算调整条件的同时，对调整的幅度和范围进行限制也至关重要。规定预算调整金额不得超过原预算的一定比例（如 10%），可以防止过度调整，保持预算的稳定性。对于小额调整，可允许一定的灵活性；而对于超过该比例的重大调整，则需经过更严格的审批程序。这是因为重大调整可能对单位的财务状况和业务发展产生较大影响，需要进行审慎评估。在审批过程中，相关部门需提供详细的调整方案、理由和预期效果，经过多层审核和论证，确保调整的合理性和必要性。

通过明确预算调整条件并限制调整幅度和范围，事业单位在面对变化时能够合理调整预算，同时维护预算的严肃性和稳定性。科学合理的预算调整机制有助于优化资源配置，保障业务活动的顺利开展，实现单位的可持续发展。在实际操作中，还需不断完善预算调整的相关制度和流程，提升预算管理水平。

（二）规范预算调整申请流程

建立规范的预算调整申请流程，是保障预算调整科学、合理、有序进行的重要举措。在事业单位的预算管理体系中，预算调整是一项严肃的工作，关系到单位资源的重新配置和业务活动的顺利开展。规范的申请流程能够确保预算调整基于充分的理由和准确的分析，避免随意调整预算对单位造成的不利影响。

要求申请部门提交详细的预算调整申请报告，是规范流程的关键起点。报告内容的完整性和准确性对于后续的审核和决策至关重要。预算调整的原因是报告的核心内容之一。申请部门需要清晰、准确地阐述为什么要进行预算调整。如前文所述，可能是由于国家政策变化、不可抗力因素或单位业务活动的重大调整等。以国家政策变化为例，如果税务政策调整导致单位的税费支出增加，申请部门需要在报告中详细说明政策变化的具体内容、对单位税费支出的影响程度以及由此产生的预算调整需求。对于因不可抗力因素，如自然灾害导致单位资产受损需要额外资金进行修复的情况，申请部门要提供灾害发生的相关证明材料，以及受损资产的评估报告，以支持预算调整的合理性。

调整的项目和金额也是报告中不可或缺的部分。申请部门要明确指出哪些预算项目需要调整，以及具体的调整金额。这需要申请部门对业务活动有深入的了解，并进行准确的预算测算。比如，在业务活动调整的情况下，若单位计划拓展新的业务领域，申请部门要详细列出新业务所需的各项费用，如设备购置费用、人员招聘和培训费用、市场推广费用等，并准确计算出相应的调整金额。同时，要将这些调整项目与原预算进行对比，清晰展示调整的幅度。调整对原预算的影响分析是申请报告的重要组成部分。申请部门需要分析预算调整对原预算的收支平衡、资金分配结构等方面的影响。例如，如果某一项目的预算增加，会导致其他项目的资金减少，申请部门要评估这种资金分配的变化是否会对其他业务活动产生不利影响。如果预算调整导致单位的收支平衡出现问题，申请部门要提出相应的解决方案，如通过增加收入或削减其他不必要的支出等方式来维持收支平衡。

调整后的预算执行计划是确保预算调整能够顺利实施的关键。申请部门要制订详细的执行计划，包括调整后的预算资金如何使用、各项业务活动的开展时间表、责任人的明确等。以设备购置为例，要明确设备的采购时间、安装调试时间以及投入使用的时间，确保设备能够按时投入使用，满足业务需求。同时，要明确设备采购过程中的责任人，如采购人员、验收人员等，确保每个环节都有人负责，避免出现责任不清的情况。申请报告须经部门负责人签字确认后，提交给财务部门进行初步审核。部门负责人的签字确认表示对报告内容的认可和负责，增加了报告的可信度。财务部门作为预算管理的核心部门，对预算调整申请进行初步审核。审核内容包括申请报告的完整性、预算调整的合理性、调整金额的准确性以及对原预算的影响分析是否合理等。财务部门要运用专业的财务知识和经验，对申请报告进行全面审查。如果发现报告中存在问题或疑问，财务部门要及时与申请部门沟通，要求其补充或修改相关内容。

财务部门审核通过后，将申请报告连同审核意见一并提交给单位预算管理委员会或上级主管部门审批。单位预算管理委员会或上级主管部门具有更高的决策权，他们会从单位的整体利益和战略发展的角度出发，对预算调整申请进行最终审批。审批过程中，可能会对申请报告进行进一步的审查和讨论，要求申请部门或财务部门提供更多的信息和解释。只有经过单位预算管理委员会或上级主管部门的批准，预算调整才能正式实施。

（三）加强预算调整审批管理

加强预算调整审批管理是保障单位预算稳定、合理以及资源有效配置的关键环节。审批部门肩负着重要责任，对预算调整申请的严格审核，能确保每一次预算调整都基于充分的理由和合规的程序，维护预算管理的严肃性和权威性。

审批部门要对预算调整申请进行严格审核，重点审查预算调整的必要性、合理性和合规性。必要性审查是判断预算调整是否真正基于实际需求。例如，当单位面临突发的业务变化，如承接了一项紧急且重要的政府项目，原预算无法满足该项目的资金需求，此时预算调整就具有必要性。合理性审查则关注调整的幅度和方式是否恰当。比如，申请增加某项业务的预算，审批部门需评估增加的金额是否与业务增长或变化相匹配，是否存在过度申请或不合理的资源分配。合规性审查是确保预算调整符合国家相关法律法规、单位内部财务制度以及预算管理规定。例如，预算调整是否遵循了规定的程序、调整项目是否在允许的范围内等。

对于重大预算调整项目，组织相关人员进行实地调研和论证，确保预算调整符合单位的实际情况和发展战略。重大预算调整往往涉及大量资金和重要业务领域，对单位的影响深远。比如，某事业单位计划进行大规模的设备更新换代，这属于重大预算调整项目。审批部门应组织技术专家、财务人员以及业务部门相关人员进行实地调研。技术专家可以评估设备的性能、技术先进性以及与单位现有业务的适配性；财务人员则从成本效益角度分析设备购置的合理性，包括设备的采购成本、后期维护成本以及预期的投资回报率等；业务部门人员能结合实际业务需求，说明设备更新对业务开展的必要性和预期效果。通过实地调研和论证，综合各方面的意见和数据，审批部门能更准确地判断预算调整是否符合单位的实际情况和发展战略，避免盲目决策导致资源浪费或业务受阻。在审批过程中，要明确审批责任，对于审批通过的预算调整项目，审批人员要对其真实性和合法性负责。明确责任能增强审批人员的责任感和谨慎性。每一位参与审批的人员都要清楚自己在审批过程中的职责和权限，对其所做出的审批决定负责。如果审批通过的预算调整项目出现问题，如存在虚假申报、违规操作等情况，审批人员要承担相应的责任。这促使审批人员在审核过程中认真细致，严格把关，确保审批结果的真实性和合法性。

第三节　促进预算编制的透明度

一、推进预算信息公开

（一）拓宽预算信息公开渠道

在这个信息爆炸的时代，拓宽预算信息公开的途径对于增强事业单位预算管理的透明度、提升公众的参与热情以及树立单位的良好信誉具有深远的意义。传统的政府部门网站和单位内部公告栏等公开方式在信息扩散上存在局限性，而新媒体的蓬勃发展则为预算信息的公开开辟了更为广阔的舞台和更多元化的手段。

除了依赖传统的政府部门网站和单位内部公告栏外，积极拥抱新媒体平台，如官方微信公众号、微博和政务客户端等，成为发布预算信息的新选择。这些新媒体平台以其独特的优势，显著提升了信息的传播速度和覆盖面。以官方微信公众号为例，其操作简便、信息推送及时且用户基础广泛，使得预算信息的传播更加高效。某事业单位通过其官方微信公众号定期推送预算相关内容，如预算收支的总体概览和重点项目的预算配置等，通过生动的图表和通俗的文字，将复杂的预算数据转化为易于公众理解的信息。在介绍预算收支情况时，利用图表直观展示各项收支的占比，让公众对单位的资金来源和支出方向一目了然。对于重点项目预算，则详细阐述项目的背景、目标、预算额度及预期成效，使公众能够深入了解单位的业务重心和资源分配策略。

微博作为一个开放且互动性强的社交平台，是发布预算信息的重要阵地。事业单位可以在微博上发布预算信息，并通过话题讨论、直播互动等形式与公众进行实时交流。例如，举办预算编制的在线问答活动，邀请财务专家或单位负责人解答公众的疑问，并听取公众的意见和建议。政务客户端则能够根据用户的个性化需求，推送定制化的预算信息。比如，针对关注教育领域的用户推送教育事业单位的预算信息，对于关注医疗卫生的用户则推送医院等医疗卫生事业单位的预算信息。这些新媒体平台的应用，有效吸引了公众的注意力，提高了公众的参与度。

与当地主流媒体的合作也是拓宽预算信息公开途径的重要手段。通过与电视台、报纸等主流媒体的深度合作，以新闻报道、专题节目等形式对预算信息进行深入解读和广泛宣传。主流媒体拥有庞大的受众群体和较高的公信力，能够将预算信息传递给更广泛的公众。例如，与电视台合作制作预算专题节目，邀请单位负责人和财务专家详细解读预算编制的过程、依据及重点项目。节目中通过实际案例的分析，展示了预算资金如何助力改善民生、推动社会发展。与报纸合作发布预算信息的深度报道，对预算的亮点和重点进行剖析和评论，引导公众正确理解和评价预算信息。主流媒体的宣传和解读，有效提升了公众对预算编制的关注度和理解度，增强了公众对单位预算管理的信任感。

（二）丰富预算信息公开内容

在现代社会治理的框架内，事业单位预算信息的全面公开是提升透明度、增强公信力及促进公众参与的核心环节。仅仅披露预算收支总表、预算支出明细表等基础信息，已难以满足公众对预算全貌深入了解的需求。因此，进一步丰富预算信息公开的内容，详尽揭示预算编制的依据、流程、方法，以及预算调整等动态变化信息，对于切实保障公众的知情权、参与权和监督权至关重要。

在原有预算收支总表、预算支出明细表等基础信息公开的基础上，深入公开预算编制的依据，是帮助公众理解预算合理性的关键一步。对于各项收入的预测依据，需进行详尽阐释。例如，财政补助收入方面，应公开相关政策文件，清晰展现政府对单位的支持方向和力度。以教育事业单位为例，若获得政府专项教育经费补助，则需公开对应的经费分配政策文件，使公众明了补助的发放标准和目的。对于事业收入，公开业务量预测数据尤为关键。医院在预测医疗服务收入时，需公开预计的门诊人次、住院人数、手术数量等业务量指标，以及这些数据的采集方式和分析方法。这样的公开透明，有助于公众评估医院对事业收入的预测是否合理，是否贴合实际业务发展状况。

在支出预算方面，公开每个项目的立项背景、资金需求测算过程及绩效目标设定，能够使公众深入洞察资金的流向和预期成效。每个项目都有其独特的立项背景，如学校新建教学楼，立项背景可能是学生数量增长、教学环境改善的需求。公开这一背景，公众能够理解项目实施的必要性。资金需求测算过程的公开，则需详细展示各项费用的计算依据和测算方法。教学楼建设的资金需求，包括建筑材料费、施工人员工资、设计费等，公开这些费用的具体测算过程，如材料市场价格调研、施工人员工时和工资标准等，能让公众评估资金需求的合理性。绩效目标设定情况的公开，如教学楼建成后要达到的教学容量、教学质量提升等目标，使公众能够对项目的实施效果进行预期和监督。

此外，公开预算调整的原因、调整方案及调整后的预算执行情况，有助于公众全面了解预算的动态变化。预算调整可能源于国家政策调整、不可抗力因素或单位业务活动的重大变更等。公开调整原因，如因突发公共卫生事件导致医院增加疫情防控相关预算支出，使公众能够理解调整的必要性。调整方案的公开，需详细说明调整的预算项目、金额及方向。例如，医院可能减少非紧急设备购置预算，将资金调配至疫情防控物资采购和医护人员培训等方面。公开调整后的预算执行情况，包括实际支出与调整后预算的对比、项目进展情况等，使公众能够监督预算调整是否达到预期效果，资金是否得到合理使用。

（三）提高预算信息公开质量

在当今强调透明度和公众参与的时代背景下，提高预算信息公开质量对于事业单位而言至关重要。高质量的预算信息公开不仅能够增强公众对单位的信任，促进资源的合理配置，还能提升单位的社会形象和公信力。确保预算信息的准确性、及时性和完整性，是提高预算信息公开质量的核心要点，而建立严格的审核机制、遵循时间节点以及优化信息展示方式则是实现这一目标的关键举措。确保预算信息的准确性是基础。不准确的预算信息可能会误导公众，导致其对单位预算管理的误解，甚至影响决策的科学性。为保证准确性，建立严格的信息审核机制势在必行。

在拟公开预算信息之前，需要进行多轮次、全方位的核对。财务部门作为预算信息的主要提供者，要对各项数据进行细致的审查，包括收入和支出的金额、预算项目的分类、数据的计算逻辑等。例如，在审核收入预算时，要仔细核对财政补助收入的文件依据和具体金额，事业收入的预测数据是否合理准确，有无遗漏或错误。对于支出预算，要检查各项费用的列支是否符合规定，金额计算是否正确。除了财务部门的审核，还可以引入其他相关部门的参与，从不同角度对信息进行验证。比如，业务部门对涉及本部门的预算项目进行审核，确保项目的预算与实际业务需求相符。通过这种严格的审核机制，尽可能避免出现数据错误或信息遗漏，为公众提供准确可靠的预算信息。

及时性也是预算信息公开质量的重要体现。按照规定的时间节点及时公开预算信息，能够让公众在第一时间获取最新数据，以便更好地参与监督和决策。如果预算信息公开滞后，可能会使公众错过参与的最佳时机，降低信息的价值。事业单位应制定详细的预算信息公开时间表，明确各个阶段的任务和责任人。在预算编制完成后，要按照既定时间及时公开预算草案，让公众有足够的时间提出意见和建议。在预算执行过程中，定期公开预算执行情况，如每月或每季度公布收支数据，让公众了解预算的实际执行进度。当预算发生调整时，也要及时公开调整的原因、方案和执行情况，使公众能够实时掌握预算的动态变化。通过及时公开，保持公众对预算信息的关注度和参与热情。

完整性是全面反映单位预算情况的必要条件。预算信息公开不能只披露部分内容，而应涵盖预算编制、执行、调整等各个环节的相关信息。除了公开预算收支总表和预算支出明细表等基本信息外，还应包括预算编制的依据、过程和方法，以及预算执行的绩效评价等内容。例如，公开预算编制时所依据的政策文件、市场调研数据等，让公众了解预算的制定背景和基础。公开预算执行过程中的绩效指标完成情况，如项目的实际效果与预期目标的对比分析，使公众能够评估预算资金的使用效益。通过提供完整的预算信息，满足公众对单位预算全面了解的需求。

采用通俗易懂的语言和图表形式，对复杂的预算数据进行解读和展示，是提高信息可读性和可理解性的有效手段。预算数据往往较为专业和复杂，普通公众可能难以理解。使用柱状图、折线图等图表展示预算收支的变化趋势，可以直观地呈现数据的变化情况，让公众一目了然地了解预算的动态。例如，通过柱状图展示不同年度的预算收入构成，公众可以清晰地看到各项收入的占比变化。使用文字说明解释各项预算指标的含义和计算方法，使公众能够准确理解数据的意义。比如，对于"三公经费"预算指标，详细解释其包含的内容和计算方式，让公众能够正确评价单位在这方面的支出情况。

通过这种方式，降低公众理解预算信息的难度，提高公众对预算信息的接受度和参与度。提高预算信息公开质量是一个系统工程，需要事业单位在准确性、及时性、完整性和信息展示等多个方面下功夫。通过不断完善相关机制和方法，为公众提供高质量的预算信息，促进单位与公众之间的良性互动，推动事业单位预算管理水平的提升。

二、建立公众参与机制

（一）开展预算编制意见征集活动

在事业单位的预算编制过程中，开展广泛的意见征集活动是提升预算科学性、民主性和公众参与度的重要举措。预算编制不仅仅是单位内部的财务规划行为，它关乎着单位所服务的广大公众的利益，影响着社会资源的合理分配和公共服务的有效提供。因此，通过多种方式积极征集公众意见，让公众参与到预算编制的过程中来，具有深远的现实意义。

发布网上调查问卷是一种高效、便捷且覆盖面广的意见征集方式。在当今数字化时代，互联网的普及使得网上调查问卷能够迅速触达大量的公众群体。事业单位可以在官方网站、社交媒体平台等渠道发布调查问卷，邀请公众对单位的预算编制提出意见和建议。问卷的设计应具有针对性和科学性，涵盖预算编制的各个方面，如预算收入的来源和预期、预算支出的重点领域和项目、预算分配的合理性等。例如，对于教育事业单位，可以询问公众对于教育经费在师资培养、教学设施建设、学生资助等方面的分配比例的看法；对于医疗卫生事业单位，可以了解公众对医疗设备购置、医疗服务项目开展等预算安排的期望。通过网上调查问卷，能够收集到来自不同地区、不同背景公众的多样化意见，为预算编制提供丰富的参考依据。

组织线下座谈会则为利益相关方提供了一个面对面交流和讨论的平台。邀请服务对象、社区居民、行业专家等参与座谈会，能够充分听取各方的声音。服务对象作为预算资金所提供服务的直接受益者，他们对预算资金的使用效果有着最直接的感受和需求。例如，养老院的服务对象可以就养老院的设施改善、护理服务提升等方面的预算提出具体的意见和建议。社区居民作为单位所在社区的成员，他们关心单位的发展对社区的影响，能够从社区发展的角度对预算编制提出看法。行业专家则凭借其专业知识和经验，能够为预算编制提供更具前瞻性和专业性的建议。在座谈会上，各方就预算编制的重点领域和项目进行深入讨论和交流，分享观点和想法，碰撞出智慧的火花。

对于征集到的意见和建议，进行认真梳理和分析是关键环节。事业单位应组织专业人员对这些意见进行分类整理，分析其合理性和可行性。对于合理的意见，要及时采纳，并在预算编制中予以体现。例如，如果公众普遍认为应该增加对环境保护项目的预算投入，且经过分析该意见具有合理性和可行性，事业单位就应在预算编制中相应地增加这方面的资金安排。同时，对于一些虽然合理但由于客观条件限制暂时无法采纳的意见，也应向公众做好解释说明工作，让公众了解单位的实际情况和决策依据。向公众反馈意见采纳情况是增强公众参与感和获得感的重要举措。公众参与预算编制意见征集活动，希望自己的意见能够得到重视和回应。事业单位可以通过官方渠道，如网站公告、社交媒体发布等方式，向公众反馈意见采纳情况。详细说明哪些意见被采纳了，在预算编制中是如何体现的；哪些意见没有被采纳，原因是什么。通过这种反馈机制，让公众感受到自己的参与是有价值的，增强他们对单位预算编制工作的信任和支持，进一步激发公众参与公共事务的积极性。

（二）建立预算编制公众咨询委员会

在事业单位预算管理体系的革新中，创立预算编制公众顾问团是一项富有创意与前瞻性的策略。此顾问团的成立，意在打破预算编制的传统封闭模式，吸纳具备专业见解和社会影响力的公众代表，借助他们的智慧与力量，使预算编制流程更加科学化、民主化、合理化，并紧密贴合社会公众的需求与期待。

构建预算编制公众顾问团的核心在于挑选出具有广泛代表性和深厚专业知识的公众代表。这些代表来自不同领域和层级，他们的专业背景和社会经验能够为预算编制带来多元化的观点和深刻的洞察。以教育事业单位为例，教育领域的专家凭借其在学术界的深厚造诣和丰富的教育实践经验，能够从战略层面为教育经费的投入方向、重点区域及资源配置提供专业性建议。他们紧跟教育行业的最新动态，为预算编制提供前瞻性指引，确保教育经费能够有效推动教育质量的提升和教育事业的可持续发展。

学生家长作为教育服务的直接受益者，对教育资源的需求和教育质量的期望有着直观而深刻的体验。在预算编制过程中，家长代表能够基于家长的视角，关注教育经费在学生培养、教学设施升级、校园安全保障等方面的分配。他们能够提供学生实际需求的第一手资料，推动预算编制更加贴近学生的成长需求。例如，家长可能关注学校是否有足够的资金用于引进先进教学设备，以优化学生的学习体验；或是否有合理的预算安排用于学生的心理健康教育和课外活动。

教师代表则身处教育教学一线，对教学实践中的实际需求有着精准的把握。他们能够根据教学实践中的经验和问题，对教育经费在师资培训、课程研发、教学研究等方面的预算提出切实可行的建议。例如，教师可能建议增加师资培训的预算，以提升教师的专业素养和教学水平；或希望在课程研发方面加大投入，以丰富课程内容，满足学生多样化的学习需求。

预算编制公众顾问团在预算编制的各个环节中均可发挥关键作用。在前期调研阶段，顾问团成员可利用其专业知识和社会资源，协助单位开展深入的调研工作。他们能够对教育市场的需求、行业发展趋势、社会公众的期望进行深入分析，为预算编制提供可靠的基础数据和参考依据。在草案编制阶段，顾问团成员可对预算草案进行细致的审议和讨论，从不同角度提出建设性的意见和建议，确保预算草案的合理性和可行性。例如，他们可对教育经费在不同学校、学科、年级间的分配是否公平合理进行评估，并提出调整建议。在审核阶段，顾问团成员可对预算草案的合规性、科学性和有效性进行监督，防止不合理预算安排和资源浪费现象的发生。

（三）鼓励公众参与预算监督

在事业单位预算管理体系的完善过程中，积极鼓励公众参与预算监管是增强预算约束力、优化资金使用效率、确保公共利益得以实现的关键环节。构建并优化公众参与预算监管的机制，不仅能够及时发现并纠正预算编制与执行中的问题，还能增强公众的责任感与参与热情，推动预算管理向更加公开、透明、规范的方向发展。

为了有效吸纳公众监督，首要任务是开辟多样化的公众参与渠道。这包括设立预算监管热线、专用电子邮箱以及在线监管平台等便捷途径。热线电话为公众提供了即时反馈的渠道，便于公众在发现问题时迅速与相关部门取得联系；专用电子邮箱为公众提供了详细陈述问题、提交证据的平台，有助于相关部门更全面地了解情况；而在线监管平台则借助互联网优势，让公众能够随时随地提交监管意见，大幅提高了监管的便捷性和时效性。这些多元化的参与渠道，确保了不同需求的公众都能找到适合自己的方式，积极参与到预算监管中来。

对于公众提交的监管意见，迅速而严谨的调查核实是核心环节。相关部门在收到反馈后，应立即组建专业团队展开调查，确保对举报内容进行全面、深入的审查。调查过程中，需遵循既定程序，收集确凿证据，客观公正地评估问题的真实性与严重性。例如，若公众举报某事业单位存在预算编制不实、骗取财政资金的情况，调查团队应细致审查该项目的立项文件、预算申报材料及资金使用记录，与相关责任人进行深入访谈，必要时进行现场核查，以确保调查结果的准确性和权威性。

针对查实的违规行为，必须采取严厉措施予以惩处，以彰显预算监管的严肃性和权威性。这包括依法追究相关人员的行政、刑事责任，以及追回违规使用的资金，确保公共财政的安全。例如，若发现某部门在执行预算过程中擅自挪用专项资金，应立即责令其纠正错误，追回被挪用资金，并对责任人给予相应纪律处分，以儆效尤。

将处理结果公之于众，是增强公众信任、激发参与热情的关键步骤。通过官方网站、社交媒体、新闻发布会等多种渠道，及时、准确地发布处理结果，让公众知道他们的声音得到了回应，问题得到了有效解决，从而增强公众对预算监管工作的信心和支持。

此外，对积极参与预算监管的公众给予适当奖励和表彰，也是提升公众参与度的重要手段。奖励形式可以多样化，既包括物质奖励如奖金、奖品，也包括精神层面的荣誉认证，如颁发证书、公开表彰等。这些奖励措施旨在让公众感受到他们的贡献得到了认可，进一步激发他们参与预算监管的热情和动力。

三、加强内部信息沟通

（一）建立内部预算信息共享平台

利用现代信息技术，搭建内部预算信息共享平台，实现各部门之间预算信息的实时共享和交流。该平台可以整合预算编制、执行、调整等各个环节的信息，让各部门能够及时了解预算的动态变化。例如，财务部门可以在平台上发布预算编制的政策文件、要求和进度安排，各部门可以上传本部门的预算草案和相关数据，方便财务部门进行审核和汇总。同时，平台还可以提供预算执行情况的查询功能，让各部门能够实时掌握本部门预算的执行进度，及时发现问题并采取措施进行调整。

（二）定期召开内部预算沟通会议

定期组织召开内部预算沟通会议，由财务部门牵头，各部门负责人参加。会议主要内容包括通报预算编制的进展情况、解读预算编制的政策和要求、讨论预算编制中存在的问题和解决方案等。通过会议，加强各部门之间的沟通和协作，促进预算编制工作的顺利进行。例如，在会议上，业务部门可以提出本部门业务活动的变化情况和资金需求调整建议，财务部门可以根据单位的总体预算目标和财务状况，对这些建议进行评估和反馈，共同确定合理的预算方案。

四、强化绩效信息披露

（一）完善绩效目标设定和公开

1. 科学设定绩效目标

（1）明确性（Specific）

绩效目标的明确性对于推动工作高效实施、资源有效配置及准确评估成果至关重要。在各类事业单位中，清晰的绩效目标为业务活动的规划、执行及监督提供了具体导向，有效防止了因目标模糊带来的资源浪费和方向迷失。

以文化事业单位的文化活动项目为例，明确绩效目标显得尤为关键。文化事业单位承担着传承文化、丰富公众精神生活的重任，其文化活动需精准定位、细致规划。若仅设定"提升文化活动影响力"这类宽泛目标，实际操作中将面临诸多挑战。一方面，难以精准评估活动成效，因为"影响力"的概念较为抽象，难以量化评估；另一方面，也不利于资源的合理调配，模糊目标无法指导人力、物力及财力的投入。

相比之下，"举办一场聚焦地方传统民俗文化的展览，吸引 [X] 人次参与"这一目标则极具明确性。"地方传统民俗文化"界定了活动主题，赋予活动独特文化内涵与吸引力，能精准吸引对该文化感兴趣的群体。"展览"明确了活动形式，以其直观性和互动性，成为文化传播的有效方式，有助于参与者深入了解文化内容。"吸引 [X] 人次参与"则设定了可量化的指标，通过具体人数目标，文化事业单位可在活动策划与组织过程中，有针对性地开展宣传推广、场地规划及资源调配，确保吸引足够参与者。活动结束后，通过对比实际参与人数与目标人数，可直观评估活动效果及影响力。

对于教育事业单位的教学项目，明确绩效目标同样重要。教育质量直接影响学生的成长与未来，因此教学项目目标需明确且可操作。设定"本学年内，通过实施信息化教学改革，使学生平均成绩提升 [X] 分"的目标，明确了教学改革方向及预期成果。"本学年内"设定了时间框架，为教学改革工作提供了明确的时间节点与进度要求，便于教育事业单位合理安排教学计划与资源。"实施信息化教学改革"明确了改革路径，信息化教学改革作为教育领域的重要趋势，通过引入现代信息技术，如在线教学平台、智能教学工具等，可提升教学效率与质量，激发学生兴趣与主动性。"学生平均成绩提升 [X] 分"则设定了具体成果指标，平均成绩的提升是衡量教学效果的关键指标之一，通过设定具体分数目标，教育事业单位可在教学过程中加强学生学习指导与管理，适时调整教学策略，确保目标达成。

明确的绩效目标不仅助力事业单位高效规划与执行工作，还提升了工作的透明度与问责性。绩效目标清晰后，相关人员与部门能明确自身职责与任务，便于自我监督与评估。同时，也便于上级主管部门及公众对事业单位工作进行监督与评价，确保事业单位工作真正满足社会需求与期望。

（2）可衡量性（Measurable）

在事业单位的业务运营中，绩效目标的可衡量性是评估工作成效的关键所在。它为事业单位提供了一个精确的衡量标准，能够清晰地展现工作的进展与最终成果，为资源的合理调配、工作的不断优化以及责任的明确划分提供了坚实的依据。

对于文化事业单位的文化活动项目而言，比率指标与等级指标的设定显著增强了绩效目标的可衡量性。以"活动社会满意度达到 [X]%"为例，通过科学的问卷调查方式收集数据，成为衡量满意度的重要手段。问卷设计需全面覆盖活动内容、组织、设施、宣传等多个维度，确保能够全面了解参与者的反馈。调查对象应具备广泛的代表性，涵盖不同社会背景的人群，以保证调查结果的客观性和真实性。通过计算满意人数占总调查人数的比例，得出具体的满意度数值，使文化事业单位能够直观评估活动是否满足社会期望，进而识别问题，指导后续改进工作。"文化传承与推广效果达到 [X] 等级"的目标，则通过预设的评估体系，从多个角度对文化传承与推广成效进行综合考量。文化知识的传播广度可通过参与人数、地域覆盖、媒体影响力等指标衡量；深度则可通过参与者对文化知识的掌握程度、文化活动对价值观的影响等方面评估。文化遗产保护意识的提升可通过问卷调查、实地观察、数据分析等手段验证。依据这些具体标准打分，将文化传承与推广效果划分为不同等级，如优秀、良好、合格等，使文化事业单位能够清晰了解自身工作水平，发现与行业标杆的差距，从而采取针对性措施，提升文化传承与推广效果。

在医疗卫生事业单位的公共卫生服务项目中，可衡量的目标直接关系到公众健康福祉。"疫苗接种率达到 [X]%"直接反映了公共卫生服务在疾病预防方面的成效。通过完善的疫苗接种登记系统，准确记录接种与应接种人数，计算疫苗接种率。

为提升接种率，医疗卫生事业单位须加强宣传教育，优化接种流程，关注重点人群，确保疫苗接种全覆盖。"传染病发病率较上一年度下降 [X]%"是衡量公共卫生服务疾病防控效果的重要指标。通过建立健全传染病监测系统，及时收集并分析发病数据，与上一年度数据进行对比，计算发病率下降比例。为实现这一目标，医疗卫生事业单位需加强预防控制措施，如环境卫生管理、健康教育、医疗救治水平提升等。

可衡量的绩效目标在事业单位管理中发挥着不可替代的作用。它使事业单位工作目标更加明确，责任划分更加清晰，能够有效激发工作人员的积极性和创造力。通过对可衡量指标的持续监控与评估，事业单位能够及时发现并解决问题，调整工作策略，提高工作效率与质量，更好地履行公共服务职能，满足社会需求。未来，事业单位应不断完善绩效目标的可衡量性，结合业务特点与发展需求，设计更加科学、合理、有效的衡量指标，推动事业单位的持续健康发展。

（3）可实现性（Attainable）

为事业单位设定具有可实现性的绩效目标，是保障工作稳步推进、资源高效利用及实现可持续发展的关键基石。绩效目标若过于理想化，非但不能激发员工的积极性，反而可能导致资源的无谓消耗和工作流程的混乱。因此，在制定绩效目标时，必须深入考量单位的资源条件、团队能力和外部环境等诸多因素，以确保目标的合理性和可行性。

对于规模较小的文化事业单位而言，在规划文化活动参与人数目标时，准确评估自身实际情况尤为关键。活动场地的容量是一个客观限制，直接决定了可容纳的参与者数量。例如，若某小型文化事业单位的展厅面积有限，仅可容纳 [Y] 人次同时参观，那么设定远超此人数的目标将不切实际，可能导致场地拥挤、安全隐患等问题，严重影响活动质量和参与者体验。同时，宣传推广能力也是制定合理目标不可忽视的一环。小型文化事业单位资源有限，可能难以承担大规模的宣传推广活动。若目标设定过高，而宣传手段不足，将难以实现预期目标。因此，在制定目标时，需综合考量单位的宣传渠道、资源和以往活动的参与情况，设定既具挑战性又切实可行的目标。如可根据历史参与人数的增长趋势，结合当前宣传计划和资源投入，合理预测本次活动的参与人数，设定一个可达成的目标范围。

在科研项目领域，科研团队的实力和科研设备的先进性是设定科研成果产出目标的重要依据。科研团队的实力涵盖团队成员的专业知识、研究经验、创新能力等。由资深、专业能力强的科研人员组成的团队，通常具备更高的科研产出潜力。然而，若团队成员相对年轻、经验不足，设定过高的科研成果产出目标可能会给团队带来过大压力，影响科研工作的顺利进行。科研设备的水平同样直接影响科研成果的产出。先进的科研设备为科研人员提供更精准、高效的研究手段，有助于提高科研产出的质量和数量。若设备陈旧落后，进行复杂科研实验时可能受限，难以取得理想成果。因此，在设定科研成果产出目标时，需全面评估科研团队的实力和科研设备的水平。例如，若团队实力较强、设备先进，可设定在一定期限内发表 [X] 篇高影响力学术论文的目标；若团队实力相对较弱、设备不够先进，则可适当降低目标，设定发表一定数量的、质量上乘的学术论文，确保目标在团队能力范围内可达成。

外部环境因素同样对绩效目标的可实现性产生深远影响。在文化事业单位的文化活动中，政策法规的调整、社会文化氛围的变迁、市场竞争态势等均会影响活动的开展和参与人数。例如，若当地政府出台新的文化产业政策，对文化活动的举办和宣传有所限制或支持，那么在设定绩效目标时需考虑这些政策因素。在科研项目领域，行业发展趋势、技术创新速度、科研经费投入等外部环境因素同样影响科研成果的产出。若行业技术发展迅速，新的科研方法和技术层出不穷，而科研团队未能紧跟步伐，那么设定的科研成果产出目标可能难以实现。因此，在设定绩效目标时，须密切关注外部环境的变化，及时调整目标，确保目标的可实现性。

为事业单位设定具有可实现性的绩效目标是科学管理的核心要素。通过全面考量单位的资源条件、团队能力和外部环境等因素，制定合理可行的绩效目标，能够激发员工的积极性和创造力，提升工作效率和质量，推动事业单位的可持续发展。在实际工作中，事业单位应不断总结经验，深化对自身和外部环境的认识，灵活调整绩效目标，以适应不断变化的形势和需求。

（4）相关性（Relevance）

绩效目标与事业单位的战略目标及业务需求的紧密关联，是驱动其高效运作、迈向长远发展的关键桥梁。这种相关性犹如一盏明灯，为事业单位的各项工作照亮前行的道路，确保资源能够精准地流向最需要的地方，从而最大限度地发挥其效能，并有效承担事业单位的社会职责。

对于文化事业单位来说，其文化活动项目目标与弘扬文化、服务民众的战略目标紧密相连，是单位使命的生动实践。在全球化的浪潮中，文化的传承与发展面临着诸多挑战，文化事业单位肩负着守护和传播优秀传统文化的重任。通过精心设计和组织各类文化活动，如传统艺术展览、民俗文化节庆等，将优秀传统文化的精髓以生动直观的方式呈现给公众，让更多人了解、热爱并传承这些珍贵的文化遗产。例如，某文化事业单位举办的以中国传统书法艺术为主题的展览活动，通过展出历代书法大师的作品、开展书法讲座及互动体验等，不仅让观众领略到书法艺术的独特魅力，还激发了他们对传统文化的浓厚兴趣，增强了民族的文化自信。这样的文化活动项目目标与单位弘扬文化、服务民众的战略目标高度一致，有力地推动了文化的传承与发展，提升了社会的文化品位。

教育事业单位的教学项目目标与培养符合社会需求的人才目标紧密相关，直接关系到教育的质量和成效。随着社会经济的不断发展，市场对人才的需求日益多样化，教育事业单位需要紧跟时代步伐，及时调整教学目标，以培养出适应社会变迁的高素质人才。例如，在当前的数字化时代，信息技术产业迅速崛起，对相关专业技能人才的需求激增。教育事业单位根据这一市场需求，制定了计算机科学与技术、软件工程等专业的教学目标，着重培养学生的实践能力和创新意识。通过引入实际项目案例、开展校企合作等方式，让学生在学习过程中亲身体验真实的工作场景，提高他们的就业竞争力。这样的教学项目目标紧紧围绕社会需求，使教育与时代发展紧密相连，为社会输送了大量优秀人才，实现了教育的社会价值。

环保事业单位的生态保护项目目标与改善生态环境、推动可持续发展的战略目标紧密相连，是实现人与自然和谐共处的重要途径。在全球环境问题日益严峻的背景下，环保事业单位承担着保护生态环境、维护生态平衡的艰巨任务。通过实施生态修复工程，如植树造林、湿地恢复、水土流失治理等，改善生态环境质量，促进生态系统的健康稳定发展。例如，某环保事业单位在本地区实施了一项大规模的生态修复工程，设定了"在本地区，通过实施生态修复工程，使森林覆盖率提升 [X]%，水土流失面积减少 [X] 平方公里"的目标。为实现这一目标，该单位组织专业团队进行科学规划和施工，加强项目的监管力度。经过一段时间的辛勤努力，该地区的森林覆盖率大幅提升，水土流失问题得到有效遏制，生态环境得到显著改善。这样的生态保护项目目标与单位的战略目标高度契合，为推动可持续发展作出了积极贡献。

（5）时限性（Time-bound）

为绩效目标设定清晰的时间框架，对于事业单位提升管理效率、确保任务顺利执行至关重要。明确的时间界限如同精密的计时器，为各项工作设定了紧凑的节奏和明确的截止日期，促使事业单位能够有条不紊地推进活动，确保目标在预定时间内达成，从而最大化资源的利用效率。

在文化事业单位的文化活动策划中，时间界限的设定具有多重重要意义。以"在本季度末前成功举办该文化活动，并在活动结束后的一个月内完成社会反馈收集"为例。首先，"本季度末前成功举办"的时间要求，促使文化事业单位对活动的整个流程进行细致规划和紧密安排。从活动主题的确定、场地的预订、嘉宾的邀约，到宣传方案的制定等，每项工作都需按照既定时间节点稳步推进。若缺乏明确的时间界限，可能导致活动筹备工作拖沓，进而影响活动的整体质量和呈现效果。例如，若场地预订未能如期完成，可能会面临场地被占用或活动延期的风险。而"在活动结束后的一个月内完成社会反馈收集"的时间要求,则确保了能够及时获取公众对活动的反馈意见。及时的反馈有助于文化事业单位迅速把握活动的亮点与不足,为后续活动的优化提供宝贵参考。若反馈收集时间过长,可能导致公众对活动的记忆淡化,从而影响反馈的准确性和参考价值。

对于教育事业单位的教学改革举措,设定在一个学年或几个学期内达成既定目标,为教学改革提供了明确的时间导向。以"在接下来的两个学期内,通过创新教学方法,提升学生的课堂参与度至少 [X]%"为例。明确的时间限制促使教育事业单位能够合理规划教学改革的步骤和进度。在第一个学期,可以专注于教学方法的研究与选择,组织教师参与培训,使其熟悉并掌握新的教学方法。在第二个学期,则可将新的教学方法应用于课堂教学,并通过课堂观察、学生调研等方式,评估学生课堂参与度的提升情况。这种分阶段的时间规划,有助于教师逐步适应并融入教学改革,同时也便于教育事业单位对教学改革的效果进行及时评估与调整。此外,明确的时间界限还能有效激发教师和学生的积极性与参与度。教师会更有动力去探索和实践新的教学方法,以提升教学质量;学生也会更加专注于课堂,积极参与课堂活动,共同推动课堂参与度的提升。

2. 公开绩效目标及设定依据

（1）与预算项目一同公开

将设定好的绩效目标与预算项目的详细信息一同向社会公开,让公众能够清楚地了解预算资金的预期产出和效果。可以通过单位的官方网站、政务公开平台等渠道发布相关信息,以文化事业单位为例,在公开文化活动项目预算时,不仅要公布活动的预算金额、资金用途等,还要明确列出活动参与人数、社会满意度、文化传承推广效果等绩效目标。这样公众可以直观地看到预算资金的使用方向和期望达成的成果,增强对预算资金使用的监督。

（2）说明设定过程及依据

为了提高绩效目标的透明度和可信度,还需要对绩效目标的设定过程和依据进行详细说明。例如,文化活动项目中参与人数目标的设定,可能是基于以往类似活动的参与情况、当前的宣传推广计划以及活动的吸引力等因素综合考虑得出的。在公开时,可以说明"本次文化活动预计参与人数设定为 [X] 人次,是参考了去年同类型活动的参与人数 [Y] 人次,并结合今年加大宣传推广力度，预计吸引更多观众参与等因素确定的"。对于社会满意度目标，可能是依据行业标准、公众需求调查以及单位自身的服务水平等确定的，公开时应详细阐述这些依据。通过这样的说明，让公众了解绩效目标的科学性和合理性，提高公众对预算管理的信任度。

（二）加强绩效评价结果公开

在预算执行结束后，及时开展绩效评价工作，并将绩效评价结果向社会公开。

1. 全面涵盖绩效评价内容

（1）绩效目标完成情况

详细评估预算项目是否达到了预先设定的绩效目标，是衡量项目成功与否的核心指标。对于文化事业单位的文化活动项目，若设定的目标是参与活动人数达到 [X] 人次、活动的社会满意度达到 [X]% 等，在绩效评价时，则要精确统计实际参与人数、通过科学的调查方法测算社会满意度。例如，某文化活动设定参与人数目标为 5000 人次，实际参与人数为 4500 人次，那么需要分析未达标的原因，是宣传力度不足、活动时间安排不合理还是其他因素。同时，对于社会满意度，若目标为 80%，实际调查结果为 75%，也要深入剖析导致满意度未达标的具体原因，如活动内容不够丰富、组织安排存在漏洞等。

（2）预算资金使用效率

着重考察预算资金在项目执行过程中的使用效果，包括资金是否合理分配、是否存在浪费或闲置等情况。以科研项目为例，要计算实际支出与预算金额的比例，分析超支或结余的原因。若某科研项目预算资金为 100 万元，实际支出 120 万元，超支 20 万元，则需要进一步查明超支是由于原材料价格上涨、研究方案变更还是管理不善等因素导致的。同时，还要评估资金的使用是否与项目的进度相匹配，是否存在资金过早或过晚投入影响项目进展的情况。

（3）社会效益和经济效益

综合考量预算项目对社会和经济产生的影响。对于教育事业单位的教学改革项目，社会效益可以体现在学生综合素质的提升、社会对教育质量认可度的提高等方面；经济效益则可能表现为培养的学生为社会创造的价值、学校资源利用效率的提升带来的成本节约等。例如，一项职业教育教学改革项目，通过提高学生的职业技能，使学生毕业后的就业率显著提高，为企业输送了更多合格的人才，促进了当地经济的发展，这就是该项目产生的良好社会效益和经济效益。而对于一些公益性文化项目，其社会效益可能更为突出，如文化遗产保护项目对传承和弘扬民族文化的重要作用。

2. 如实公开评价结果及问题

（1）真实呈现评价情况

无论评价结果是好是坏，都应如实向社会公开。如前文所述，某科研项目虽然完成了研究任务，但存在预算超支和研究成果实际应用效果未达预期的情况，要详细公布超支的具体金额、超支的原因分析以及研究成果应用效果不佳的具体表现。不能隐瞒问题或只公开好的方面，确保公众能够全面了解项目的真实情况。

（2）深入剖析问题根源

对于绩效评价中发现的问题，要进行深入分析，找出问题的根源。例如，若发现某项目预算资金使用效率低下，可能是因为项目管理不善，导致资源浪费；或者是预算编制不合理，对项目成本预估不足。通过深入剖析，为后续的改进提供有力的依据。

（3）明确提出改进建议

根据问题的根源，提出具体、可行的改进建议。对于预算超支的科研项目，可以建议加强项目成本管理，建立严格的预算控制制度，对项目的各项支出进行严格审核；对于研究成果应用效果不佳的问题，可以建议加强与企业或社会机构的合作，促进科研成果的转化和应用。这些改进建议应具有针对性和可操作性，以便项目单位能够有效地实施改进。

（三）建立绩效信息反馈和改进机制

建立健全绩效信息反馈机制，及时收集公众对绩效评价结果的意见和建议。对于公众提出的合理意见和建议，要认真研究并采取措施进行改进。例如，公众对某教育项目的绩效评价结果提出质疑，认为评价指标不够全面，未能充分反映教育质量的提升情况，单位应及时对评价指标进行调整和完善。同时，将改进情况向公众反馈，形成绩效信息的闭环管理，不断提高预算编制和执行的绩效水平。

第四章

事业单位预算执行的优化策略

第一节　加强预算执行的动态监控

一、构建全面的监控指标体系

（一）预算执行进度指标

为准确衡量预算执行的快慢程度，设置预算执行进度指标。以时间为维度，分别计算月度、季度和年度的预算执行进度。计算公式为：预算执行进度 =（累计实际支出金额 ÷ 累计预算金额）×100%。例如，某事业单位第一季度预算金额为 100 万元，实际支出 80 万元，则第一季度预算执行进度 =（80÷100）×100% = 80%。通过定期计算该指标，与预设的进度目标进行对比，如发现执行进度过慢或过快，及时分析原因并采取相应措施。若进度过慢，可能是项目推进受阻、资金拨付不及时等原因；若进度过快，可能存在资金使用不合理或预算编制不准确等问题。

（二）预算支出结构指标

在事业单位的财务管理架构中，构建与监控预算支出结构指标是维系单位稳定运作与高效发展的关键要素。细致审视预算资金在不同项目和科目间的分配与使用，对于优化资源配置、提升资金使用效益具有深远意义。

预算资金的分配涵盖多个维度，其中人员经费、公用经费和项目经费构成了主要的支出板块。通过计算这三类经费在总支出中的占比，能够获得一个直观的视角，用以剖析各项支出的合理性及其变化趋势。

人员经费是支撑单位日常运转的基石，涵盖了员工的薪酬、奖金及福利等。然而，若人员经费占比偏高，可能会对单位开展业务活动的资金投入造成制约。这是因为高昂的人员经费意味着单位在人力成本上的开销较大，导致用于业务拓展、设备更新、技术研发等领域的资金相对匮乏。例如，在某些事业单位中，由于人员编制冗余或薪酬待遇过高，人员经费占比过大，使得单位在启动新业务项目时面临资金瓶颈，难以引进先进设备和技术，也无法为员工提供充分的培训和发展机会，进而影响了业务活动的质量和效率。

公用经费则主要用于保障单位的日常运营，包括办公设备的购置、水电费、差旅费及会议费等。合理的公用经费占比能够确保单位的日常工作有序进行，营造良好的工作环境和氛围。但若公用经费占比失衡，过高或过低都可能带来问题。若占比过高，可能暗示资源浪费或管理不善；若占比过低，则可能导致日常运营受阻，无法满足工作的基本需求。例如，某单位为降低成本而过度削减公用经费，导致办公设备老化无法及时更新，办公环境恶化，员工的工作效率也随之下降。

项目经费是单位为达成特定业务目标或完成工作任务而设立的专项资金。项目经费占比的合理性对于项目的实施至关重要。若占比过低，可能导致重要项目因资金不足而无法顺利推进，影响单位的整体发展战略。以科研项目为例，若项目经费匮乏，既无法购买必要的实验设备和材料，也无法吸引优秀的科研人才，导致科研项目进展受阻。相反，若项目经费占比过高，可能导致资源过度集中于某些项目，而其他方面的工作因资金短缺而受影响，同时也可能引发项目资金使用效率低下的问题。

为确保资金按照预算要求合理使用并优化支出结构，对预算支出结构指标的监控显得尤为重要。通过构建科学的监控体系，定期对人员经费、公用经费和项目经费的占比进行分析和评估。一旦发现某类经费占比出现异常波动，应及时深入调查原因并采取相应的调整措施。例如，若人员经费占比过高，可考虑优化人员配置、合理控制人员编制或调整薪酬结构以降低人力成本；若项目经费占比不合理，则可重新评估项目的必要性和可行性，对项目进行筛选和整合以合理分配资金并确保重点项目得到充足支持。

（三）预算资金使用效益指标

在事业单位的预算管理框架内，引入预算资金使用效益的量化指标是精确评估资金运用成效、优化资源配置的核心策略。鉴于各事业单位承担着不同的社会职责，其预算资金的使用方向和目标也各具特色，因此，指标的设计需紧密贴合各单位的业务特性和发展需求。

对于教育事业单位，学生人均教育经费产出是衡量资金效益的关键指标。

它反映了在特定教育经费的投入下，每位学生所能获得的教育资源及其产生的实际成效。这一指标不仅涵盖学生在知识学习、技能锻炼方面的成果，还涉及学生综合素质提升、创新能力培养等多个方面的发展。例如，学校若在教育设施改善、优秀教师引进及教学活动开展上投入大量经费，通过计算学生人均教育经费产出，即可评估这些投入是否真正转化为学生的学习进步，如考试成绩提升、升学率增长、学科竞赛及实践活动中的优秀表现等。若该指标较低，可能意味着教育经费使用效率不高，存在资源浪费或资源配置不当等问题，需深入分析原因并采取改进措施。

此外，教师教学成果转化率也是教育事业单位预算资金使用效益的重要衡量标准。教师是教学活动的核心，其教学成果直接影响学生的成长。该指标可通过多种方式衡量，如教师论文引用次数、教学课程获奖情况、指导学生竞赛成绩等。若教师教学成果转化率较高，表明教育事业单位在教师培养和支持上的投入取得了显著成效，教师能够充分发挥专业能力，将教育经费转化为实际教学成果。反之，若该指标较低，则需重新审视教师培训和激励机制，优化教育经费在教师发展方面的投入。

对于医疗卫生事业单位，每万元医疗经费的诊疗人次是直观反映预算资金使用效益的指标。它体现了在特定医疗经费投入下，医疗卫生机构能为患者提供的诊疗服务数量。该指标越高，说明医疗经费使用效率越高，惠及患者越多。例如，医院通过优化医疗流程、提高设备使用效率等措施，在相同经费投入下，诊疗人次显著提升，表明医院在预算资金使用上取得了良好效益。同时，这也意味着医院能更好地满足患者需求，提高医疗服务可及性。

治愈率提升率同样是衡量医疗卫生事业单位预算资金使用效益的关键指标。医疗卫生机构的核心任务是提供有效医疗服务，治愈患者疾病。治愈率提升率反映了在特定医疗经费投入下，医疗卫生机构在提升医疗技术水平、改善服务质量方面取得的成果。若医院在增加经费投入后，治愈率显著提升，说明资金有效用于引进先进设备、培养专业人才、开展医疗技术研究等，实现了预算资金的良好效益。反之，若治愈率未相应提升，则需调整医疗经费的使用方向和方式，提高资金使用效率。

二、利用信息化手段实现实时监控

（一）建立预算管理信息系统

搭建功能完善的预算管理信息系统，该系统应涵盖预算编制、审批、执行、调整和决算等各个环节。通过该系统，实现预算数据的实时录入和更新，方便各部门随时查询和监控预算执行情况。例如，业务部门在进行费用报销时，系统自动校验该笔支出是否在预算范围内，若超出预算则无法提交报销申请。同时，系统还能生成各种报表和图表，直观地展示预算执行进度和差异分析结果，为管理层决策提供有力支持。

（二）引入大数据分析技术

借助大数据分析技术，对预算执行过程中产生的大量数据进行深入挖掘和分析。通过分析历史数据，找出预算执行的规律和趋势，预测未来的资金需求和支出情况。例如，分析过去几年的办公用品采购数据，预测下一年度不同月份的采购量，以便合理安排采购预算。此外，大数据分析还可以发现潜在的风险点和异常情况，如某些项目支出频繁出现异常波动，及时发出预警，提醒相关部门进行调查和处理。

（三）实现信息共享与协同

打破部门之间的信息壁垒，实现预算管理信息系统与其他业务系统的对接和集成，如财务系统、资产管理系统、项目管理系统等。通过信息共享，各部门能够实时获取相关信息，加强协同合作。例如，财务部门可以及时了解项目的进展情况和资金使用情况，为项目资金的拨付提供依据；项目管理部门可以根据预算执行情况，调整项目计划和资源配置。同时，上级主管部门也可以通过系统实时监控下属事业单位的预算执行情况，加强对预算资金的监管。

第二节 提升预算执行的效率

一、优化预算执行流程

（一）简化审批环节

在事业单位的预算管理体系中，预算执行审批环节扮演着举足轻重的角色，它直接关系到资金运用的效率以及业务活动的推进节奏。因此，对预算执行审批流程进行全面审视并寻求简化，是提升执行效率、优化资源配置的核心策略。

首先，全面审视现有审批流程是简化的基础。事业单位的预算执行涉及众多项目和资金流动，其审批流程往往错综复杂，包含一些烦琐且非必要的环节。这些环节不仅增加了审批的时间成本和人力投入，还可能引发推诿责任的现象，进而拖延预算执行的进度。因此，相关人员需要对每个审批环节进行深入剖析，评估其存在的合理性和必要性。例如，日常办公用品采购等小额常规支出的审批流程可能需经过多个层级的审核，从基层申请到部门领导、财务部门、主管领导等依次审批，流程烦琐且效率低下。

其次，去除烦琐且不必要的审批步骤是简化的核心。对于小额常规支出，如办公用品采购、水电费支付等，由于其金额小、性质常规且风险较低，可以适当放宽审批权限。将这类支出的审批权下放至部门负责人，由其直接审批，无需层层上报。这样既能减少审批环节，提升审批速度，又能充分发挥部门负责人对本部门业务的熟悉度和管理能力，使审批更加贴近实际需求。部门负责人可根据部门工作需求，及时审批办公用品采购申请，确保办公用品的及时供应，保障业务工作的顺利进行。

最后，明确各审批环节的责任人和审批时限是确保审批流程顺畅的关键。在简化审批环节的同时，必须明确每个审批环节的具体责任人，确保审批工作有人负责、有人监督。此外，还需设定明确的审批时限，要求责任人在规定时间内完成审批。若超时未完成，系统应自动提醒相关人员，促使其尽快处理。以某事业单位为例，在优化前，由于审批环节不明确、时限不固定，小额支出的审批时间平均长达 5 个工作日，严重影响了资金效率和业务开展。优化后，明确了责任人和时限，小额支出的审批时间缩短至 2 个工作日，显著提升了资金使用的及时性，保障了业务活动的顺利进行。

（二）明确职责分工

在事业单位的预算执行流程中，明确且细致的职责划分是确保工作顺畅推进、提升整体执行效率的核心要素。若各部门及岗位间的职责界限模糊，极易导致工作推诿、责任不清的现象，进而削弱预算执行的效率，阻碍预算目标的实现。因此，精确界定各部门及岗位在预算执行中的具体职责，并编制详尽的岗位职责说明书，显得尤为重要。

编制详尽的岗位职责说明书是细化职责划分的前提。这份说明书如同一份详尽的工作蓝图，它明确指出了每个岗位的工作范畴、权责边界，使员工能够清晰地认识到自己的工作职责。在编制过程中，需紧密结合预算执行的各个环节，确保每个岗位的职责与整体预算目标紧密相连。对于财务部门而言，其职责应涵盖预算资金的审核、拨付、核算等关键环节。在审核环节，财务人员需依据相关规定和流程，严格审查业务部门提交的预算执行申请，确保资金使用的合理性、合规性和精确性。在拨付环节，要根据预算规划和实际需求，及时、准确地将资金调配至相应项目或部门。核算环节则要求财务人员对预算资金的流动情况进行详细记录与分析，为预算执行的监控和评估提供坚实的数据支撑。

业务部门在预算执行中扮演着项目执行与资金申请的重要角色。业务人员需深入了解项目目标、任务要求，根据项目规划合理安排工作进度，并在有资金需求时，遵循既定程序提交申请。申请内容需详尽说明资金用途、金额及预期成效，以便财务部门进行审核。业务部门还需负责项目的具体实施，确保项目按预算计划稳步推进。在项目实施过程中，要及时发现并解决潜在问题，对预算执行情况实施动态监控，必要时提出预算调整建议。

资产管理部门在预算执行中的职责聚焦于资产的采购、登记与管理。在采购环节，资产管理部门不仅需根据业务部门需求和预算安排，执行采购任务，而且需遵循采购流程，选择优质供应商，确保资产质量可靠、价格合理。在登记环节，要对采购资产进行全面登记，包括资产名称、规格、型号、数量、购置时间等信息，构建完善的资产档案。资产管理部门还需负责资产的日常维护与管理，定期进行资产清查，确保资产安全完整。

通过明确各部门及岗位的职责划分，事业单位在预算执行中能够形成一个协调有序的整体，各部门及岗位各司其职，协同作战。财务部门、业务部门与资产管理部门之间紧密配合、相互监督，共同推动预算执行工作的顺利开展。财务部门为业务部门提供资金支持和财务指导，业务部门依据预算要求实施项目并及时反馈执行情况，资产管理部门则为项目实施提供必要的资产保障。这种协同作战的工作模式，不仅提升了预算执行的效率，还有效规避了因职责不清而引发的潜在问题和风险。

此外，明确的职责划分还为绩效考核提供了有力依据。通过对各部门及岗位在预算执行中的工作表现进行评估，可以准确衡量其职责履行情况和工作成效。对于表现突出的部门和个人，可给予相应奖励和表彰；对于存在不足的部门和个人，则须及时进行整改和培训，以提升其工作能力和绩效水平。

二、优化资源配置与绩效评估

（一）合理配置预算资源

优化预算资源配置是提高预算执行效率的重要途径。在预算执行过程中，要根据项目的优先级和实际需求，合理分配资金和资源。对于重点项目和关键业务，优先保障资金和资源的投入，确保项目的顺利实施；对于一些非关键项目或效益不明显的项目，适当减少资源配置，避免资源的浪费。例如，在教育事业单位中，对于教学质量提升、师资队伍建设等重点项目，加大资金投入和资源配置；对于一些可有可无的行政办公设施的更新项目，则可以根据实际情况进行调整或推迟。同时，建立资源共享机制，提高资源的利用效率，如共享办公设备、实验仪器等，降低单位的运营成本。

（二）加强预算执行的绩效评估

建立科学合理的预算执行绩效评估体系，对预算执行情况进行全面、客观的评估。绩效评估指标应涵盖预算执行进度、预算资金使用效益、项目完成质量等方面。例如，设置预算执行率、资金节约率、项目按时完成率、服务对象满意度等指标，对预算执行情况进行量化考核。定期对预算执行绩效进行评估，将评估结果与部门和个人的绩效考核挂钩，对于绩效优秀的给予奖励，对于绩效不佳的进行问责。通过绩效评估，激励各部门和人员积极提高预算执行效率和质量，确保预算目标的实现。

（三）根据绩效评估结果调整预算

绩效评估的结果不仅用于考核和奖惩，还应作为调整预算的重要依据。对于预算执行过程中发现的问题和不足，要深入分析原因，及时调整预算安排。例如，如果某个项目的预算执行效率低下，资金使用效益不高，通过绩效评估找出原因后，对该项目的预算进行调整，如减少资金投入、优化项目方案等。同时，根据绩效评估结果，总结经验教训，为下一年度的预算编制和执行提供参考，不断完善预算管理体系，提高预算执行的效率和效果。

第三节　完善预算执行的调整机制

一、明确预算执行调整的条件

（一）政策法规变化导致的调整

在事业单位的运营征程中，政策法规环境如同风云变幻的天空，时刻左右着预算执行的航向与步伐。面对国家或地方政策法规的重大调整，事业单位必须摒弃陈规，迅速响应，灵活调整预算执行策略，以确保单位能在新的政策框架下稳健前行，实现可持续发展。

税收政策，作为宏观经济调控的利器，其变动对事业单位的收入预算产生着直接且深远的影响。以享受税收优惠的事业单位为例，这些政策可能涵盖税种减免、税率降低等，为事业单位节省了大量资金，提升了可支配收入。

然而，一旦税收政策风向突变，原本享有的优惠被削减或取消，事业单位的收入便会遭遇缩水。比如，某科研事业单位长期受益于研发税收减免政策，为科研项目提供了充足资金。但税收政策调整后，该优惠不再，单位每年需额外承担税款，直接导致收入减少。面对此情景，事业单位必须主动出击，对收入预算进行适时调整。同时，收入减少也引发了资金状况的变动，支出预算亦需重新审视，或许需要削减非必要支出，如办公设备更新、部分培训预算等，以保持收支平衡，确保单位正常运转。

近年来，环保政策的日益严格成为事业单位面临的新考验，对预算执行产生了深刻影响。随着环保意识的提升，政府出台了一系列更严格的环保法规，要求事业单位加强环保设施建设和管理。对于生产或服务过程中产生污染的事业单位而言，这意味着需投入巨资升级环保设施。例如，污水处理设备的升级可能涉及先进技术的采购、安装调试及人员培训等多方面成本；废气净化系统的维护也需定期更换滤芯、检查设备运行等，均增加了运营成本。某化工事业单位因环保政策收紧，需升级污水处理设备以满足更高排放标准，为此投入数百万元资金，并增加了人员培训和维护费用。为满足政策要求，该单位大幅调整支出预算，重新规划资金分配，确保环保设施投入和运营资金充足。

此外，政策法规变化还波及劳动法规、教育政策、医疗卫生政策等多个领域。劳动法规调整可能影响事业单位人员薪酬和福利预算，如最低工资标准提升、社保政策变动等，均需增加人员支出预算。教育政策变化可能要求教育事业单位调整教学资源配置和教学项目预算，如加大对素质教育项目的投入、改善教学设施等。医疗卫生政策调整则可能影响设备采购、药品采购及人员培训预算等。

面对政策法规的重大变化，事业单位必须高度警觉，及时评估其对预算执行的影响，并迅速采取行动进行调整。通过灵活调整预算，事业单位能更好地适应政策变化，规避财务风险和摆脱运营困境，同时积极履行社会责任，为社会进步贡献力量。

（二）市场环境波动引发的调整

在当今复杂多变的经济环境中，市场环境的波动犹如不可预测的浪潮，时刻冲击着事业单位的预算执行。市场价格的频繁变动以及劳务市场的动态变化，都对事业单位的资金安排和运营管理带来了诸多挑战，迫使事业单位必须及时做出预算调整，以维持正常的业务运转。市场价格的波动对事业单位的影响广泛而深刻，尤以医疗事业单位感受最为明显。药品和医疗耗材作为医疗服务的重要物质基础，其价格的波动直接关系到医疗成本和服务质量。

在医疗领域，药品和医疗耗材的种类繁多，价格受到市场供求关系、原材料成本、政策调控等多种因素的影响，波动十分频繁。如果某种常用药品价格大幅上涨，而原预算中对该药品的采购价格预估不足，这将给医疗事业单位带来巨大的成本压力。以治疗高血压的常用药品为例，由于原材料价格上涨或生产企业的调整，该药品价格在短时间内大幅攀升。医疗事业单位在采购该药品时，发现按照原预算的价格无法满足临床需求。为了保证医疗服务的正常提供，确保患者能够及时获得必要的治疗，医疗事业单位不得不调整药品采购预算。这可能意味着削减其他药品或医疗耗材的采购预算，或者寻求其他供应商以获取更优惠的价格，甚至可能需要向上级主管部门申请额外的资金支持。无论采取何种措施，都需要医疗事业单位对预算进行重新规划和调整，以应对药品价格上涨带来的挑战。

劳务市场的变化同样对事业单位的预算执行产生着重要影响。随着社会经济的发展，劳动力市场的供求关系不断变化，人工成本也呈现出上升的趋势。对于事业单位来说，人员招聘、培训等方面的支出是预算中的重要组成部分。当人工成本上升时，事业单位在人员方面的支出相应增加。由于市场上对专业人才的需求旺盛，导致人才竞争激烈，事业单位为了吸引和留住优秀人才，不得不提高薪酬待遇、提供更多的福利和培训机会等。这将直接导致人员经费预算的增加。在人员招聘方面，可能需要支付更高的招聘费用，如参加招聘会的费用、招聘网站的会员费等。在人员培训方面，为了提升员工的专业技能和综合素质，可能需要增加培训课程的数量和质量，这也将增加培训费用的支出。这些变化都要求事业单位对人员经费预算进行相应调整，以适应劳务市场的变化。

除了药品价格和人工成本的变化外，市场环境的波动还可能体现在其他方面。医疗设备的价格波动也会对医疗事业单位的预算产生影响。随着科技的不断进步，医疗设备的更新换代速度加快，价格也随之波动。如果医疗事业单位计划采购新的医疗设备，而设备价格上涨超出了原预算的范围，就需要调整设备采购预算。市场上医疗服务需求的变化也会影响医疗事业单位的收入预算。如果某种疾病的发病率下降，导致相关医疗服务的需求减少，医疗事业单位的收入可能会相应降低，这也需要对预算进行调整。

市场环境的波动是不可避免的，事业单位必须密切关注市场动态，及时评估市场变化对预算执行的影响。通过建立灵活的预算调整机制，合理调整预算安排，事业单位能够更好地应对市场环境的变化，降低市场风险，确保单位的正常运营和发展。在未来，随着市场环境的更加复杂多变，事业单位需要不断加强预算管理，提高预算的科学性和灵活性，以适应市场的变化和发展的需求。

（三）单位业务战略变更引起的调整

在事业单位的发展历程中，业务战略犹如航标，随着社会需求、行业趋势及自身条件的演变而不断调整优化。业务战略的转型，必然要求预算执行随之变革，以确保新战略的有效实施，推动事业单位实现可持续发展目标。

以教育事业单位为例，面对社会对职业技能人才需求的激增，部分单位敏锐捕捉这一趋势，决定强化职业技能培训业务。这一战略转型意味着工作重心与资源配置的深刻变革。为确保职业技能培训的高效开展，首要任务是增加相关培训设备的采购预算。职业技能培训常需模拟实际工作场景的设备，如机械制造专业可能需要引进昂贵的数控机床、加工中心等，这些均需大额资金投入。因此，教育事业单位必须在预算中预留充足资金，以满足教学设施需求。同时，专业师资的引进与培养亦是关键。具备丰富实践经验与专业技能的教师团队，是提升教学质量的核心。然而，引进优秀人才往往需要提供具有竞争力的薪酬待遇，这就要求增加人员薪酬预算。此外，教师的培训与进修同样不可或缺，以提升其教学水平与专业素养。战略转型后，教育事业单位可能还需对培训场地进行改造升级，以适应新的教学模式与设备需求，这同样需在预算中体现。

科研方向的调整是科研事业单位业务战略转型的常见现象。当科研事业单位从基础研究转向应用研究时，科研项目预算将面临全面重构。基础研究侧重于探索新知、发现规律，对实验设备与材料的需求相对基础通用。而应用研究则更注重成果转化，需针对具体应用场景与产品开发需求，购置更先进、专业的实验设备。研究材料方面，应用研究可能涉及特殊原材料或试剂，成本更高。因此，预算中需对研究材料费用进行重新评估与调整。

科研方向的转变对人员薪酬产生了深远影响。基础研究强调理论知识与创新思维，而应用研究则更看重实践能力与工程经验。因此，在引进与培养科研人员时，需根据新方向调整薪酬策略，吸引并留住适合应用研究的人才。项目管理层面，应用研究可能涉及更多产学研合作项目，需考虑合作费用、知识产权管理费用等预算安排。

事业单位业务战略的转型，必然引发预算执行的调整。无论是教育事业单位强化职业技能培训，还是科研事业单位调整科研方向，均需从多方面对预算进行重新规划与安排。通过科学调整预算，事业单位能为新战略的实施提供坚实资金保障，确保各项工作顺利推进，不断提升自身竞争力与社会影响力。展望未来，随着内外部环境的持续变化，事业单位业务战略的调整将更加频繁，因此，建立灵活、科学的预算调整机制将愈发重要。

（四）不可抗力因素导致的调整

在事业单位的运营过程中，不可抗力因素如同难以预料的风暴，随时可能袭来，严重干扰其正常的运营节奏和预算执行计划。自然灾害、突发公共卫生事件等不可抗力因素的出现，不仅对事业单位的物理设施和人员安全构成威胁，还会在财务层面带来巨大的冲击，迫使事业单位不得不对原有的预算进行紧急调整，以适应突如其来的变化，维持单位的基本运转和履行相应的社会责任。

自然灾害，如地震、洪水、台风等，具有强大的破坏力，往往会对事业单位的办公设施和设备造成严重损坏。以地震为例，强烈的地震震动可能导致建筑物结构受损，办公场所出现裂缝、墙体倒塌等情况，内部的办公设备如电脑、打印机、服务器等也可能因震动、碰撞或断电而损坏。对于一些依赖特定设备开展业务的事业单位，如科研机构、医疗机构等，设备的损坏将直接影响到其科研项目的进行和医疗服务的提供。为了尽快恢复正常工作秩序，事业单位需要投入大量资金用于设施的修复和设备的购置。修复受损的建筑物可能需要聘请专业的建筑团队进行评估和施工，这涉及建筑材料的采购、施工人员的费用等多项开支。购置新的设备则需要根据业务需求进行选型、采购和安装调试，每一个环节都需要资金的支持。这些额外的支出在原预算中往往并未考虑，因此事业单位必须对预算进行紧急调整，通过重新分配资金或申请额外的专项经费来满足这些需求。

除了自然灾害和突发公共卫生事件，其他不可抗力因素，如战争、社会动荡等，也可能对事业单位的预算执行产生影响。在战争或社会动荡期间，事业单位可能面临物资短缺、交通受阻、人员流动受限等问题，这会导致其业务活动无法正常开展，同时也会增加运营成本。为了应对这些情况，事业单位可能需要调整预算，优先保障关键业务的运行，如医疗事业单位需要确保药品和医疗设备的供应，教育事业单位需要保证教学工作的基本正常进行等。不可抗力因素的出现是不可避免的，事业单位必须建立健全的应急预算调整机制，提高应对突发事件的能力。在平时的预算管理中，应预留一定的应急资金，以应对可能出现的不可抗力情况。同时，要加强对各种不可抗力因素的监测和预警，提前做好应对准备，尽量减少其对单位运营和预算执行的影响。通过合理调整预算，事业单位能够在不可抗力因素的冲击下，迅速恢复正常运营，继续履行其社会职能，为社会的稳定和发展作出贡献。

二、规范预算执行调整的流程

（一）申请环节

在事业单位的预算管理体系中，当面临各种内外部因素导致需要对预算执行进行调整时，规范且严谨的申请环节是确保预算调整合理、有序进行的首要步骤。及时、准确且详细的预算调整申请，不仅是对预算管理严肃性的尊重，更是保障单位资源合理配置、业务顺利开展的重要基础。当出现符合调整条件的情况时，相关部门或项目负责人肩负着及时提出预算调整申请的重要责任。这些符合调整的条件涵盖了前文所述的政策法规变化、市场环境波动、单位业务战略变更以及不可抗力因素等多个方面。每一种情况的出现都可能对原预算的执行产生重大影响，因此，相关责任人必须敏锐地察觉并迅速做出反应。如某事业单位因市场环境波动，其主要原材料价格大幅上涨，导致项目成本超出原预算范围，此时该项目的负责人就应立即启动预算调整申请程序。

申请报告作为预算调整申请的核心文件，需要详细阐述多方面的关键内容。首先，调整的原因是申请报告的基础。以政策法规变化导致的预算调整为例，申请报告应明确指出具体是哪一项政策法规的变更影响了预算执行。如果是税收政策调整使得单位收入减少，报告中需详细说明原税收政策的优惠内容、新政策的具体规定以及由此导致的收入变化金额。对于市场价格变动的情况，要准确分析价格波动的原因，如原材料供应短缺、市场需求变化等，以及这些原因对预算项目成本的具体影响。其次，调整的具体项目和金额也是申请报告的重要组成部分。在说明调整的具体项目时，需清晰列出涉及调整的预算科目，如人员经费、公用经费、项目经费等，并进一步细分到具体的子项目。在申请增加设备购置预算时，要明确设备的名称、型号、数量以及购置的必要性。对于调整金额，要进行精确的计算和说明，包括原预算金额、调整后的金额以及金额变动的具体数值和比例。此外，调整对原预算的影响同样不可忽视。这不仅包括对预算收支平衡的影响，还涉及对其他预算项目的关联影响。如果因某一项目预算的增加而需要削减其他项目的预算，申请报告中要详细阐述削减的原因和具体项目，以及这种调整对相关业务的可能影响。通过全面分析调整对原预算的影响，能够为后续的审批决策提供充分的参考依据。同时，为了确保申请的合理性和真实性，业务部门在申请调整预算时，还需附上相关的证明资料。对于市场价格变动的情况，要提供市场价格变动证明，如供应商的报价单、市场调研报告等，以证明价格变动的真实性和合理性。如果是因政策法规变化导致的调整，需附上相关的政策文件依据，明确政策的具体内容和适用范围。在因单位业务战略变更而申请预算调整时，则要附上业务变更的详细说明，包括业务变更的背景、目标以及具体的实施计划等，以证明预算调整与业务战略变更的关联性和必要性。

（二）审核环节

在事业单位规范预算执行调整的流程体系中，审核环节扮演着连接前后步骤的关键角色。一旦预算调整申请被提交，一个严谨且细致的审核流程便随之启动，旨在精确评估申请的合理性和可行性。这一过程确保预算调整与单位的实际情况及长远规划相契合，同时维护预算管理的权威性和科学性。

预算调整申请的初步审核由财务部门负责，作为预算管理的核心部门，财务部门承担着判断调整合理性的重任。在审核必要性时，财务部门会深入剖析申请中提出的调整原因，确保其真实且充分。例如，若因原材料价格受市场环境波动影响而需增加采购预算，财务部门将核实价格变动的实际情况，判断其对业务运营是否构成实质性障碍，并考虑其他可能的解决方案。

在评估调整金额的合理性方面，财务部门采用多种方法。其中，与历史数据的对比是一个重要手段，通过对比以往类似情况下的预算执行数据，判断当前调整金额的合理性。同时，参考同行业标准也是审核的重要依据，财务部门会收集并对比分析同行业单位在类似业务或项目上的预算数据，以确保本单位申请的调整金额处于合理范围。

此外，财务部门还需审核调整后预算的平衡性，确保调整不会破坏原有的预算收支平衡。这包括评估调整项目与其他预算项目之间的关系，以及调整对单位整体资金状况的影响。对于需要通过削减其他项目预算来实现的调整，财务部门会仔细评估削减的合理性和对相关业务的影响。

对于重大预算调整申请，财务部门初步审核后，还需组织相关专家或业务骨干进行专项审核。这些专家和业务骨干凭借专业知识和丰富经验，能够从多角度对预算调整的可行性进行深入评估。以科研项目预算调整为例，邀请科研领域专家参与审核能够确保调整后的预算满足科研工作的实际需求，并提出改进建议以完善预算调整方案。

在整个审核过程中，保持客观公正至关重要。审核人员需严格遵守相关标准和流程，全面考虑各种因素，确保审核结果的准确性和可靠性。同时，审核过程应保持透明，及时与申请部门沟通反馈，给予其充分的解释和说明机会，以便申请部门根据审核意见对预算调整申请进行必要的修改和完善。

（三）审批环节

在事业单位的预算执行调整流程中，审批环节是确保预算调整合理、合规、符合单位整体利益的关键把关步骤。根据预算调整的金额和性质设定不同的审批层级，既体现了管理的灵活性，又保障了决策的科学性和权威性，能够有效避免不合理的预算调整对单位造成的负面影响。对于金额较小、对整体预算影响不大的预算调整，通常可由单位内部的预算管理委员会或相关负责人进行审批。这些小额调整可能涉及一些日常运营中的细微变化，如办公文具采购预算的小幅度增加、差旅费预算的微调等。预算管理委员会作为单位内部专门负责预算管理的机构，由财务、业务等多部门的专业人员组成，具备对单位预算情况全面了解的优势。他们在审批这类调整时，能够快速评估调整的必要性和合理性。当业务部门提出因办公用品价格上涨而需小幅增加采购预算的申请时，预算管理委员会可依据市场价格变动情况以及单位的实际需求，迅速判断该调整是否合理。相关负责人在审批时，也会结合自己对单位业务的了解和管理经验，确保调整不会对单位的正常运营和整体预算平衡产生重大影响。这种由单位内部进行审批的方式，既提高了审批效率，又能及时满足业务部门的实际需求，保证了单位日常工作的顺利进行。然而，对于金额较大、影响重大的预算调整，其审批程序则更为严格，通常需提交上级主管部门或董事会审批。这类调整可能涉及单位的重大项目投资、战略方向的转变等关键领域，对单位的未来发展和财务状况有着深远的影响。在科研事业单位计划开展一项大型科研项目，需要大幅增加科研经费预算，这不仅涉及大量资金的投入，还可能改变单位的科研重点和资源配置方向。此时，将该预算调整申请提交给上级主管部门或董事会审批是十分必要的。上级主管部门或董事会具有更高的决策权限和更宏观的视野，能够从单位的整体利益和战略目标出发，对调整申请进行全面、深入的审查。他们会综合考虑单位的长期发展规划、资金承受能力、项目的可行性和预期收益等多方面因素，做出科学合理的决策。在审批过程中，可能还会要求申请部门提供详细的项目论证报告、财务分析报告等资料，以便审批人员能够准确评估调整的利弊。

（四）执行环节

预算调整申请获得批准后，财务部门要及时将调整后的预算传达给相关部门和人员，并监督调整的执行情况。相关部门按照调整后的预算进行资金使用和业务活动安排，确保调整后的预算得到有效执行。同时，财务部门要对调整后的预算执行情况进行跟踪和记录，以便后续的分析和评估。

第五章

事业单位预算监督与评价的优化策略

第一节　构建全面的预算监督体系

一、完善内部监督机制

（一）加强财务部门的日常监督

财务部门作为预算管理的关键部门，应在预算执行过程中发挥重要的日常监督作用。在资金支付环节，严格审核各项支出是否符合预算规定和财务制度，对不符合要求的支出坚决不予支付。例如，对于超预算、超标准的差旅费报销申请，财务人员要详细询问原因并进行核实，若无法提供合理说明则拒绝报销。同时，定期对预算执行情况进行分析，通过对比实际支出与预算安排，及时发现预算执行中存在的问题和偏差，如预算执行进度过慢或过快、支出结构不合理等，并向相关部门反馈，督促其采取措施加以改进。

（二）强化内部审计的专项监督

内部审计部门应定期开展对预算编制、执行和决算的专项审计工作。在预算编制审计方面，审查预算编制是否符合国家政策法规和单位的实际情况，预算数据是否准确可靠，预算项目是否合理合规。例如，审计人员可以检查预算收入的预测是否合理，是否充分考虑了各种影响因素；预算支出的安排是否与单位的业务目标和工作重点相匹配。在预算执行审计中，重点关注预算资金的使用情况，是否存在挪用、截留、浪费等问题，以及预算调整是否按照规定的程序进行。对于决算审计，要确保决算数据的真实性和完整性，检查是否存在虚报、瞒报等情况。通过内部审计的专项监督，及时发现和纠正预算管理中存在的问题，提高预算管理的水平。

（三）发挥纪检监察部门的纪律监督作用

在事业单位的预算管理体系中，纪检监察部门扮演着至关重要的角色，其纪律监督作用对于维护预算管理的严肃性和公正性、保障财政资金的安全合理使用具有不可替代的意义。通过对预算管理全过程的严格监督和对违纪违规行为的严肃查处，纪检监察部门能够有效规范单位内部人员的行为，确保预算管理工作在正确的轨道上运行。

首先，纪检监察部门要制定全面、细致且具有针对性的纪律规定。这些规定应涵盖预算管理的各个环节，从预算编制、执行到决算，都要有明确的行为准则和规范。在预算编制方面，要严禁弄虚作假、虚报预算的行为。有些单位可能为了争取更多的财政资金支持，故意夸大业务需求或虚构项目，导致预算数据失真。纪检监察部门制定的纪律规定应明确指出这种行为的性质和后果，让单位内部人员清楚认识到虚报预算的严重性。在预算执行阶段，禁止擅自改变资金用途、私设小金库等行为。擅自改变资金用途会破坏预算的计划性和严肃性，影响项目的正常实施；私设小金库更是严重违反财经纪律，容易滋生腐败问题。纪检监察部门的纪律规定要对这些行为进行严格禁止，并制定相应的处罚措施。

其次，除了制定纪律规定，纪检监察部门还需建立有效的监督措施。可以通过定期检查、不定期抽查以及专项审计等方式，对预算管理过程进行全方位的监督。在定期检查中，纪检监察部门可以按照一定的时间间隔，对单位的预算编制、执行情况进行全面审查，查看是否存在违反纪律规定的行为。不定期抽查则更具灵活性和威慑力，能够让单位内部人员时刻保持警惕，不敢轻易违规。专项审计则针对预算管理中的重点环节或突出问题进行深入调查，例如对重大项目的预算执行情况进行专项审计，确保资金使用的合规性和效益性。

一旦发现有违反纪律规定的行为，纪检监察部门必须依法依规进行严肃处理。处理过程要严格按照相关法律法规和纪律处分条例进行，做到事实清楚、证据确凿、定性准确、处理恰当。对于涉及违纪违规的人员，无论其职位高低、贡献大小，都要一视同仁，坚决予以惩处。对于在预算编制中虚报预算的责任人，要给予相应的纪律处分，如警告、记过等，并追回虚报的资金；对于在预算执行中擅自改变资金用途、私设小金库的行为，除了给予纪律处分外，还要依法追究其法律责任。通过严肃处理违纪违规行为，起到强大的震慑作用，让单位内部人员不敢触碰纪律红线，从而维护预算管理的严肃性和公正性。

二、加强外部监督力量

（一）接受财政部门的监督检查

财政部门作为事业单位预算管理的主管部门，有权对事业单位的预算编制、执行和决算情况进行监督检查。财政部门可以通过定期或不定期的检查，了解事业单位预算管理的实际情况，发现问题及时提出整改要求。例如，检查事业单位是否按照规定的时间和程序编制预算，预算收入是否及时足额上缴，预算支出是否合理合规等。同时，财政部门还可以对事业单位的预算绩效管理情况进行监督，评估预算资金的使用效益，促进事业单位提高预算管理水平。

（二）配合审计机关的审计监督

审计机关对事业单位的预算管理进行全面审计，包括预算的合法性、真实性和效益性等方面。审计机关可以采用多种审计方法，如全面审计、专项审计、跟踪审计等，对事业单位的预算管理进行深入检查。例如，通过对事业单位的财务收支审计，发现是否存在违规支出、会计信息失真等问题；通过对重点项目的跟踪审计，了解项目的进展情况和资金使用效益。对于审计发现的问题，审计机关会提出审计意见和建议，事业单位应认真整改，不断完善预算管理。

（三）鼓励社会公众和媒体的监督

社会公众和媒体是预算监督的重要力量。事业单位应积极主动地公开预算信息，包括预算编制、执行和决算情况，以及预算绩效管理结果等，让社会公众了解预算资金的使用情况，增强预算管理的透明度。同时，建立健全社会公众和媒体的监督渠道，如设立举报电话、电子邮箱等，方便社会公众和媒体对预算管理中的问题进行举报和监督。对于社会公众和媒体反映的问题，事业单位应及时进行调查核实，并将处理结果向社会公布，接受社会的监督。

第二节　提高预算评价的客观性与公正性

一、建立科学合理的评价指标体系

（一）明确评价指标的设定原则

1.全面性原则

预算管理作为一个复杂且全面的系统过程，要求评价指标能够全方位覆盖其关键环节。在预算编制阶段，评价指标应考量其科学性、合理性和准确性，比如是否紧密结合单位的战略目标和业务计划，预算收入预测是否基于可靠的数据和合理的假设，预算支出安排是否符合资源的实际可获取性等。以科研事业单位为例，在科研项目预算编制中，评价指标可包括设备购置、实验材料、人员劳务等各项费用的估算合理性，以及预算编制是否遵循了科研项目管理和财务制度的相关规定。在预算执行环节，全面性要求指标能反映资金的使用进度、合规性，以及实际执行与预算计划的偏差。比如，教育事业单位可通过设置预算执行进度指标（如季度预算执行率）来衡量预算资金是否按计划投入使用，设置违规支出比例指标来评估资金使用的合规性。对于预算决算，评价指标应关注决算数据的真实性、完整性以及与预算的一致性，包括是否存在虚报、瞒报情况，决算报表是否准确反映经济活动，决算与预算之间的差异是否合理且解释充分。在绩效管理方面，全面性原则要求指标涵盖绩效目标的设定、绩效指标的完成情况以及绩效评价的有效性，如绩效目标达成率、绩效评价质量等。

2.相关性原则

相关性原则强调评价指标与预算管理的目标和业务活动之间的紧密联系。预算管理的目标通常包括资源的合理配置、资金使用效益的提高以及单位战略规划的实现。因此，指标应能够直接或间接地反映这些目标的实现程度。例如，对于以提供公共服务为主的事业单位，其预算管理目标之一是提升公共服务质量和效率，相关的评价指标可以是服务对象满意度，直接反映服务是否满足公众需求；还可以设置单位业务量完成率指标，如医院的门诊人次、住院人数等，反映预算资金支持下业务活动的开展程度。此外，指标与具体业务活动的相关性也至关重要，不同类型的事业单位业务活动差异较大，评价指标应根据业务特点进行设计。如文化事业单位的文化活动项目，可设置文化活动影响力指标，通过参与人数、媒体报道量、文化传承效果等方面来衡量，这些指标与文化活动的业务目标紧密相关，能够准确反映预算资金在推动文化事业发展方面的作用。

3. 可操作性原则

可操作性原则确保评价指标在实际应用中切实可行。首先，数据的获取应相对容易，指标所需数据能够从单位现有的财务、业务等信息系统中获取，或通过简单的调查、统计即可得到。例如，计算人员经费占总预算的比例时，人员经费和总预算的数据在财务系统中都有明确记录，易于获取和计算。其次，评价方法应简单易懂，不需要过于复杂的技术和专业知识，便于大多数预算评价人员理解和运用。例如，采用比率分析、趋势分析等常见方法来评价预算执行情况和资金使用效益，这些方法简单直观，便于操作和解释。此外，指标的计算过程应清晰明确，避免产生歧义。例如，在计算预算节约率时，明确规定计算公式为（预算金额 − 实际支出金额）/ 预算金额 × 100%，确保不同评价人员按照相同方法计算出一致结果，保证评价的准确性和公正性。

4. 可比性原则

可比性原则使得预算评价指标能够在不同单位和不同时期之间进行有效的比较和分析。在不同单位之间，指标的定义、计算方法和统计口径应保持一致，以便客观衡量各单位预算管理的水平和效果。例如，对于多个同类事业单位，在评价其公用经费管理情况时，采用相同的公用经费范围界定和计算方法，才能准确比较各单位在公用经费控制方面的差异，发现管理的优势和不足。在不同时期之间，指标应具有稳定性和连续性，虽然单位的业务活动和预算管理可能会发生变化，但评价指标的基本内涵和计算方法应保持相对稳定，以便进行纵向比较，观察预算管理的改进或变化趋势。例如，某事业单位连续多年使用预算执行偏差率指标来评价预算执行情况，通过对不同年度该指标的比较，可以清晰了解单位在预算执行方面的进步或问题，为制定改进措施提供依据。同时，当单位业务活动或外部环境发生重大变化时，需要对指标进行适当调整，但调整过程应合理且有充分说明，确保调整后的指标仍然具有可比性。例如，当事业单位进行业务转型或引入新的管理模式时，相应的评价指标可能需要进行优化，但要保证调整后的指标在核心评价内容上具有延续性，便于历史数据的对比和分析。

（二）分类设置评价指标

根据事业单位的不同性质和业务特点，以及预算项目类型，分类设置预算评价指标。

1.基于事业单位性质和业务特点的指标设置

（1）教育事业单位

1）生均教育经费

生均教育经费作为衡量教育资源分配的核心指标之一，在教育事业单位的管理和发展中占据着举足轻重的地位。其计算公式为生均教育经费 = 教育经费总投入 / 学生总数，看似简单的公式，却蕴含着丰富的内涵，深刻地影响着教育教学质量以及教育事业的整体发展。生均教育经费的合理程度与教育教学质量之间存在着紧密的联系。在对比不同地区的教育事业单位时，这种联系表现得尤为明显。在生均教育经费较高的地区，学校拥有更为雄厚的资金实力，能够为学生提供一系列优质的教育资源。在教学设施方面，学校可以购置先进的实验设备、多媒体教学工具以及丰富的图书资料等。

以理工科教育为例，先进的实验设备能够让学生亲自动手操作，更直观地理解和掌握科学知识，培养学生的实践能力和创新思维。多媒体教学工具则可以通过生动形象的展示方式，提高学生的学习兴趣和学习效果。丰富的图书资料能够拓宽学生的知识面，满足学生多样化的学习需求。在师资队伍建设上，生均教育经费充足的学校更有能力聘请到优秀的教师。这些教师往往具有较高的学历水平、丰富的教学经验以及先进的教育理念。他们能够运用灵活多样的教学方法，激发学生的学习潜能，提高教学质量。优秀的教师还可以开展科研活动，将科研成果转化为教学内容，使学生接触到学科前沿知识，培养学生的科研素养。学校还可以利用资金开展教师培训和进修活动，提升教师的专业能力和综合素质。多样化的教学活动也是生均教育经费较高地区学校的优势所在。学校可以组织学生参加各类学术竞赛、文化艺术活动、社会实践等，丰富学生的课余生活，培养学生的综合素质和创新能力。例如，组织学生参加数学建模竞赛，能够锻炼学生的逻辑思维和解决实际问题的能力；开展文化艺术活动，如音乐、绘画、舞蹈等，能够培养学生的审美能力和艺术修养；组织社会实践活动，如参观企业、社区服务等，能够让学生了解社会，增强社会责任感。此外，对生均教育经费进行动态监测具有重要的现实意义。通过长期跟踪和分析生均教育经费的变化趋势，可以准确了解教育资源的投入情况，判断其是否能够满足教育事业发展的需求。若某学校生均教育经费连续多年增长缓慢，这意味着学校在教育资源投入方面相对不足。教学资源的匮乏可能表现为教室设施陈旧、教学设备老化、图书资料更新不及时等。这些问题会直接影响学生的学习体验，使学生无法接触到先进的教学资源和学习方法，从而限制了学生的学习效果和综合素质的提升。教师的发展也可能受到影响，由于缺乏足够的资金支持，教师参加培训和进修的机会减少，难以更新教育理念和教学方法，进而影响教学质量的提高。

2）教师培训经费占比

教师是教育事业的核心力量，教师培训经费的投入对于提升教师专业素养和教学水平至关重要。教师培训经费占比 = 教师培训经费 / 教育经费总投入 × 100%。合理的占比能够保证教师及时更新知识体系，掌握先进的教学方法和理念。例如，一些注重教师发展的教育事业单位，教师培训经费占比可能达到 10% 以上，通过组织教师参加国内外学术研讨会、专业培训课程等方式，不断提升教师的教学能力，进而提高教育质量。

3）教学设备购置资金使用效益

教学设备作为教育事业单位开展教学活动的重要物质支撑，其购置资金的使用效益直接关系到教学质量的提升和教育目标的实现。对教学设备购置资金使用效益的评估是一个综合性的过程，需要从多个维度进行考量，包括设备的使用率、完好率以及对教学效果的促进作用等方面，这些维度相互关联，共同反映了资金投入的实际效果。

设备的使用率是衡量教学设备购置资金使用效益的重要指标之一。通过计算设备的实际使用时长与理论可用时长的比例来确定设备使用率，能够直观地反映出设备在教学活动中的实际利用程度。对于一些专业课程的教学设备，如计算机实验室的电脑、机械加工实验室的机床等，高使用率意味着这些设备能够充分满足学生的学习需求，为教学活动提供了有力的支持。如果一台电脑在理论上每周可使用 40 小时，但实际每周仅使用 20 小时，那么其使用率仅为 50%，这表明设备存在闲置浪费的情况，购置资金的使用效益未能得到充分发挥。为了提高设备使用率，学校可以优化课程安排，增加相关课程的课时，鼓励教师采用多样化的教学方法，充分利用设备开展教学活动。还可以开放实验室，让学生在课余时间自主使用设备进行学习和实践，提高设备的利用效率。

设备的完好率同样不容忽视。定期检查设备的维护情况，统计设备的完好率，能够反映出设备的日常管理和维护水平。设备的完好率高，说明设备得到了及时的保养和维修，能够正常运行，为教学活动提供了稳定的支持。相反，如果设备的完好率低，会导致教学活动中断或受到影响，降低教学质量。对于一些精密的实验设备，如电子显微镜、光谱分析仪等，其维护成本较高，需要专业的技术人员进行定期保养和维修。学校应建立完善的设备维护管理制度，配备专业的维修人员，定期对设备进行检查和维护，确保设备的正常运行。还可以制定设备损坏赔偿制度，增强师生对设备的爱护意识，减少设备的损坏率。

教学设备对教学效果的促进作用是评估购置资金使用效益的核心指标。这可以通过学生的学习成绩提升、实践操作能力增强等方面来间接评估。某学校购置了一批先进的实验设备后，学生在相关学科的实验操作考试中成绩明显提高，说明这批设备对教学起到了积极的促进作用，资金使用效益良好。先进的实验设备能够提供更真实、更丰富的实验环境，让学生更直观地理解和掌握理论知识，提高学生的实践操作能力。一些虚拟现实（VR）和增强现实（AR）设备可以模拟真实的实验场景，让学生在虚拟环境中进行操作和探索，增强学生的学习兴趣和学习效果。学校还可以通过开展教学评估活动，收集教师和学生对教学设备的反馈意见，了解设备对教学效果的实际影响，为进一步优化设备配置和使用提供参考。

（2）医疗卫生事业单位

1）人均医疗费用

人均医疗费用 = 医疗费用总支出 / 就诊或住院总人数。这一指标反映了医疗卫生服务的成本和价格水平。对于患者来说，人均医疗费用是选择就医机构的重要参考因素之一；对于医疗卫生事业单位而言，合理控制人均医疗费用有助于提高自身的竞争力和社会认可度。例如，一些基层医疗卫生机构通过优化医疗服务流程、降低药品采购成本等方式，有效控制了人均医疗费用，吸引了更多患者前来就诊。同时，政府部门也可以通过对人均医疗费用的监测，制定合理的医疗政策，保障居民的基本医疗需求。

2）药品采购成本控制率

药品费用在医疗卫生支出中占据较大比例，药品采购成本控制率 =（预算药品采购成本 - 实际药品采购成本）/ 预算药品采购成本 × 100%。通过这一指标可以评估医疗卫生事业单位在药品采购过程中对成本的控制能力。例如，一些医院通过与药品供应商谈判、集中采购等方式，降低了药品采购成本，提高了药品采购成本控制率。同时，合理控制药品采购成本还有助于规范药品市场秩序，减少药品浪费，提高医疗资源的利用效率。

3）医疗服务质量满意度

医疗服务质量满意度作为衡量医疗卫生事业单位服务水平的关键指标，在当今医疗行业中占据着举足轻重的地位。其获取方式通常涵盖患者问卷调查、第三方评估等，这些途径为全面、客观地了解患者对医疗服务的评价提供了有效渠道。满意度的高低，如同晴雨表一般，直接映射出患者的就医体验，更深刻地影响着他们对医院的信任程度。

从患者的角度来看，良好的就医体验是他们选择医院和持续接受医疗服务的重要考量因素。医疗服务质量满意度高意味着患者在就医过程中得到了全方位的优质服务。在医疗技术水平方面，精湛的医术能够准确诊断病情并提供有效的治疗方案，使患者的病痛得到缓解甚至治愈。对于有复杂疾病的患者来说，医生凭借丰富的临床经验和先进的诊疗技术，制订个性化的治疗计划，让患者感受到专业和可靠，从而增强对医院的信任。服务态度也是影响患者满意度的关键因素之一。医护人员热情、耐心、细致的服务态度，能够给予患者心理上的安慰和支持。在患者身体不适、情绪焦虑时，医护人员一句温暖的问候、一个关切的眼神，都能让患者感受到人文关怀，减轻他们的心理负担。相反，冷漠、生硬的服务态度则可能让患者产生不满和抵触情绪，降低对医院的好感度。

就医环境同样不容忽视。一个整洁、舒适、安静的就医环境，能够让患者在就医过程中感到放松和愉悦。医院的布局合理、设施齐全，如提供充足的休息区域、便捷的就医指引标识等，都能提高患者的就医便利性和舒适度。良好的就医环境还包括医院的卫生状况，如干净的病房、无菌的手术室等，都能够有效预防感染，保障患者的健康安全。

医院从医疗技术水平、服务态度、就医环境等多个维度进行满意度调查，具有重要的现实意义。通过这种全面的调查，医院可以深入了解患者的需求和意见，发现自身存在的问题和不足。在医疗技术方面，可能存在某些科室的医生对新技术的掌握不够熟练等现象，导致治疗效果不理想；在服务态度上，部分医护人员可能由于工作压力大等原因，对患者缺乏耐心；在就医环境方面，医院的设施可能需要进一步更新和完善。

针对调查中发现的问题，医院及时采取改进措施，能够有效提升服务质量。一些医院通过建立患者反馈机制，对患者提出的问题和建议进行及时处理和回复，取得了显著的成效。医院设立专门的投诉处理部门，安排专人负责接收和处理患者的投诉和建议。对于患者反映的问题，及时进行调查核实，并在规定的时间内给予回复。如果问题确实存在，医院会迅速采取措施进行整改，如加强医护人员的培训，提高他们的服务意识和专业水平；改善就医环境，增加必要的设施设备等。通过这些努力，医院不仅有效提高了患者的满意度，还增强了自身的品牌形象。患者满意度的提高，意味着更多的患者愿意选择该医院就医，同时也会通过口碑传播，为医院带来更多的潜在患者。良好的品牌形象能吸引优秀的医护人才，进一步提升医院的医疗技术水平和服务质量，形成良性循环。

医疗服务质量满意度是医疗卫生事业单位发展的重要指标。医院应高度重视患者的满意度，通过多种方式获取患者的反馈，不断改进服务质量，为患者提供更加优质、高效、便捷的医疗服务。只有这样，医院才能在激烈的市场竞争中立于不败之地，实现可持续发展。同时，政府和社会也应加强对医疗服务质量的监督和评价，推动整个医疗卫生行业的进步。

2. 基于预算项目类型的指标设置

（1）基本支出预算

1）人员经费占比

人员经费占比 = 人员经费支出 / 基本支出预算总额 × 100%。在基本支出预算中,人员经费通常占据较大比例,合理控制人员经费占比对于保证事业单位的正常运转和资源合理配置至关重要。例如,对于一些行政事业单位,人员经费占比过高会导致公用经费相对不足,影响单位的业务开展。因此,需要根据单位的职能和人员编制情况,合理确定人员经费占比,确保人员经费与公用经费之间的平衡。

2)公用经费节约率

公用经费节约率 =(预算公用经费 − 实际公用经费支出)/ 预算公用经费 × 100%。公用经费包括办公费、水电费、差旅费等日常办公支出,通过计算公用经费节约率可以评估单位在公用经费管理方面的成效。例如,一些事业单位通过加强内部管理,推行节约型办公措施,如减少纸张浪费、合理控制水电费支出等,有效提高了公用经费节约率,降低了单位的运营成本。

(2)项目支出预算

1)项目完成率

项目完成率 = 实际完成的项目数量 / 计划完成的项目数量 × 100%。这一指标用于衡量项目支出预算的执行情况,反映了项目是否按照计划顺利实施。例如,对于一些科研项目,项目完成率是评估科研机构科研能力和项目管理水平的重要指标。如果项目完成率较低,可能存在项目规划不合理、资源配置不足或项目执行过程中遇到困难等问题,需要及时进行分析和解决。

2)项目成本节约率

项目成本节约率 =(预算项目成本 − 实际项目成本)/ 预算项目成本 × 100%。与基本支出预算中的公用经费节约率类似,项目成本节约率可以评估项目在实施过程中对成本的控制能力。例如,在一些基础设施建设项目中,通过优化项目设计、加强施工管理等方式,降低了项目成本,提高了项目成本节约率,为单位节省了资金。

3)项目效益实现程度

项目效益实现程度是一个综合性指标,包括经济效益、社会效益和环境效益等方面。对于不同类型的项目,其效益实现程度的评估指标也有所不同。例如,对于一个扶贫项目,经济效益可以通过带动当地产业发展、增加居民收入等方面进行评估;社会效益可以通过改善贫困地区的教育、医疗条件等方面进行评估;环境效益可以通过保护当地生态环境、减少污染等方面进行评估。通过对项目效益实现程度的评估，可以全面了解项目的实施效果，为今后的项目决策提供参考依据。

（三）动态调整评价指标

随着经济社会的发展和事业单位业务的变化，预算评价指标也应适时进行调整和完善。例如，随着信息技术的发展，事业单位的信息化建设投入增加，可以完善信息化建设项目的评价指标，如信息化系统的使用率、信息化建设资金的使用效益等；随着国家对环境保护的重视，对于涉及环境保护的事业单位，可以完善环境保护资金使用效益、污染物减排量等评价指标。通过动态调整评价指标，使预算评价更加符合实际情况，提高评价的准确性和客观性。

二、规范预算评价的方法和程序

（一）选择合适的评价方法

在对事业单位预算管理进行评价时，选择合适的评价方法是确保评价结果准确、可靠且具有实际指导意义的关键环节。由于不同的评价指标具有各自独特的性质和特点，同时评价目的也存在多样性，因此合理选用评价方法就显得尤为重要。常见的评价方法分为定量评价法和定性评价法两大类，它们各自具有不同的优势和适用范围。

1.定量评价法

定量评价法以数据为核心，通过严谨的数据计算和深入的分析来对预算管理的效果进行评判。

（1）比率分析

比率分析是定量评价法中常用的一种方式，它通过计算各种财务比率，如预算收入完成率、预算支出控制率、人员经费占比等，能够直观地反映出预算管理在不同方面的表现。以预算收入完成率为例，该比率是通过实际收入与预算收入的比值来计算的，如果比率大于100%，说明预算收入超额完成；若小于100%，则表示收入未达到预算目标。通过对这一比率的分析，能够清晰地了解单位在收入预算执行方面的情况。

（2）趋势分析

趋势分析则侧重于对预算管理相关数据在一段时间内的变化趋势进行研究。通过观察预算收入、支出等数据在多个时期的变化情况，可以发现其发展的规律和趋势。某事业单位连续几年的预算支出呈现逐年上升的趋势，通过趋势分析可以进一步探究是由于业务规模扩大、成本增加还是其他原因导致的，从而为后续的预算调整和管理决策提供依据。

（3）成本效益分析

成本效益分析是一种综合考虑成本和收益的评价方法，它在评估预算管理效果时，不仅关注预算资金的投入，更注重这些资金所带来的效益。在对某个项目的预算进行评价时，通过计算项目的总成本以及项目实施后所产生的经济效益和社会效益，来判断该项目的预算安排是否合理。如果项目的效益大于成本，说明预算资金得到了有效的利用；反之，则可能需要对项目的预算进行重新审视和调整。

2. 定性评价法

定性评价法主要依靠专家的专业知识和经验、公众的意见以及实地考察所获取的信息来对预算管理效果进行评价。

（1）专家评估

专家评估是定性评价法中的重要方式之一，通过邀请相关领域的专家对预算管理的各个方面进行打分和评价，能够充分利用专家的专业优势，对一些难以用数据直接衡量的因素，如预算管理的制度合理性、执行的有效性等进行深入分析。专家打分法通常会制定详细的评价指标体系，专家根据自己的判断对每个指标进行打分，最后综合得出评价结果。

（2）问卷调查

问卷调查也是定性评价法中常用的手段，它可以广泛收集单位内部员工、服务对象等不同群体对预算管理的意见和看法。通过设计合理的问卷，涵盖预算编制的科学性、预算执行的透明度、预算调整的合理性等方面的问题，能够了解各方面对预算管理的满意度和建议。对教育事业单位的预算管理进行评价时，向学生、教师以及家长发放问卷，了解他们对教育经费使用的看法和期望，从而为改进预算管理提供参考。

（3）实地考察

实地考察则是通过直接观察和了解单位的实际情况来评价预算管理效果。对于一些涉及项目实施的预算管理，实地考察可以直观地看到项目的进展情况、资金的使用情况以及项目所取得的实际成果。在对医疗卫生事业单位的基础设施建设项目预算进行评价时，通过实地考察可以了解项目是否按照预算计划进行建设、建设质量是否达标，以及项目对医疗服务的改善作用等。

（二）明确评价程序

在事业单位的预算管理体系中，规范预算评价程序是保障评价工作科学、公正、有序开展的关键所在，对于提升预算管理水平、优化资源配置以及实现单位的战略目标具有重要意义。一套严谨且完善的预算评价程序通常涵盖评价准备、评价实施、评价结果分析和评价报告撰写等多个紧密相连的环节，每个环节都有着独特的任务和要求。

在评价准备阶段，明确评价目的是首要任务。评价目的的确定应紧密围绕事业单位的发展战略、预算管理的重点以及当前面临的问题。若单位近期致力于提高预算资金的使用效益，那么评价目的就可设定为评估各项预算项目的投入产出情况，找出资源浪费或低效使用的环节。确定评价范围也至关重要，它决定了评价工作所涉及的领域和对象。评价范围可以是单位整体的预算管理，也可以聚焦于特定的部门、项目或预算周期。对于大型事业单位，可能需要分阶段、分部门地确定评价范围，以确保评价工作的针对性和有效性。评价指标和评价方法的选择是评价准备阶段的核心内容。评价指标应根据评价目的和范围进行精心设计，既要全面涵盖预算管理的关键方面，又要具有可操作性和可量化性。对于预算执行的评价，可以设置预算收入完成率、预算支出控制率等指标；对于预算资金使用效益的评价，则可引入成本效益比、项目收益率等指标。评价方法的选择需结合评价指标的特点和数据的可获取性。

进入评价实施阶段，收集相关数据和信息是基础工作。数据和信息的来源应广泛且可靠，包括单位的财务报表、业务记录、统计数据等内部资料，以及行业标准、政策文件、市场调研等外部信息。对于一些关键数据，如预算收入和支出的具体明细、项目实施的进度和成果等，要进行详细的核实和验证，确保数据的真实性和准确性。

在评价结果分析阶段，对评价数据进行整理和分析是关键步骤。首先要对收集到的数据进行分类、汇总和筛选，去除无效或错误的数据，确保数据的质量。然后运用适当的分析方法，如统计分析、比较分析等，对数据进行深入挖掘。通过对比预算目标和实际执行结果，找出差异并分析其产生的原因。是由于预算编制不合理，还是执行过程中出现了问题。根据分析结果得出评价结论，对预算管理的各个方面进行客观、公正的评价，明确优点和不足，为后续的改进提供依据。

评价报告撰写阶段是预算评价工作的最终成果体现。评价报告应将评价结果以书面形式进行清晰、准确地呈现。报告内容应包括评价目的、评价范围、评价方法、评价结果以及改进建议和措施等。评价结果部分要详细阐述各项评价指标的得分情况、预算管理的总体评价以及存在的主要问题。改进建议和措施应具有针对性和可操作性，根据评价结果提出具体的改进方向和实施步骤，为事业单位改进预算管理提供指导。报告的撰写要注意语言简洁明了、逻辑严谨，以便决策者能够快速准确地理解评价结果和建议。

第三节 强化预算监督与评价结果的应用

一、将监督与评价结果与预算编制相结合

（一）根据监督与评价结果调整预算编制

通过对预算监督与评价结果的分析，发现预算编制中存在的问题和不足，及时调整预算编制的方法和内容。例如，如果在监督与评价中发现某些项目的预算资金安排不合理，导致项目无法顺利实施或资金浪费严重，在下一年度的预算编制中，应根据实际情况对这些项目的预算资金进行调整，合理安排资金额度和使用方向。同时，对于预算执行中存在的问题，如预算执行进

度过慢或过快，也应在预算编制中进行考虑，适当调整预算安排，确保预算执行的均衡性。

（二）完善预算编制的依据和标准

预算监督与评价结果可以为预算编制提供重要的依据和参考。通过对预算执行情况的分析，总结经验教训，完善预算编制的依据和标准。例如，根据预算执行中各项支出的实际情况，合理确定各项支出的标准和定额，提高预算编制的准确性和科学性。同时，对于预算绩效管理中发现的问题，如绩效目标设定不合理、绩效评价指标不完善等，也应在预算编制中进行改进，使预算编制更加符合实际需求和绩效管理的要求。

二、将监督与评价结果与绩效考核相结合

（一）建立预算监督与评价结果的绩效考核机制

将预算监督与评价结果纳入事业单位的绩效考核体系，作为考核单位和个人工作绩效的重要依据。对于预算管理工作表现优秀的单位和个人，给予相应的奖励和表彰，如奖金、晋升机会等；对于预算管理工作存在问题的单位和个人，进行批评和处罚，如扣减绩效工资、降低考核等级等。通过建立绩效考核机制，激励单位和个人积极做好预算管理工作，提高预算管理的水平和效率。

（二）促进预算管理与其他管理工作的协同发展

预算管理是事业单位管理的重要组成部分，与其他管理工作密切相关。将预算监督与评价结果与绩效考核相结合，可以促进预算管理与其他管理工作的协同发展。例如，将预算管理与人力资源管理相结合，根据预算执行情况和绩效评价结果，合理调整人员编制和薪酬待遇；将预算管理与项目管理相结合，根据项目的预算执行情况和绩效评价结果，对项目进行评估和调整，提高项目的管理水平和效益。

第六章

事业单位预算管理信息化建设

第一节 推进预算管理信息化的必要性

一、提升预算管理效率

（一）简化流程，缩短时间

在当今数字化时代，传统的预算管理流程已难以满足事业单位高效运作的需求。其烦琐复杂的特性，如同沉重的枷锁，严重制约了预算管理的效率和效果。传统预算管理从预算编制环节起，便暴露出诸多弊端。各部门在收集数据时，需耗费大量人力和时间，通过手工方式对各类业务数据、财务数据等进行整理，不仅容易出现数据错误和遗漏，而且数据的准确性和及时性也难以保证。随后的层层上报、审核过程，更是如同接力赛跑，每一个环节都可能因人为因素导致流程的延误。部门之间的沟通不畅、审核标准的不一致等问题，都使得预算编制周期被不断拉长，影响了单位整体的运营规划和决策。 推进预算管理信息化，引入专业的预算管理软件，无疑是打破这一困境的有效途径。在预算编制方面，信息化系统赋予了业务部门便捷的数据录入方式。业务人员无需再进行烦琐的手工计算和整理，只需通过系统界面，按照规定的格式和要求，直接录入相关业务数据，如项目的预计支出、收入预测等。系统会自动对这些数据进行分类、汇总和计算，依据预设的预算规则和公式，快速生成初步的预算草案。这种自动化的处理方式，不仅极大地提高了数据处理的速度和准确性，还减少了人为因素导致的错误。

财务部门在审核预算草案时，也不再需要逐行逐列地查阅纸质文件或电子表格，而是可以通过系统直接查看各部门的数据和预算安排。系统提供的数据分析和可视化功能，能够帮助财务人员快速发现预算中存在的问题，如预算项目的不合理分配、预算金额的高估或低估等，并及时向相关部门提出修改意见。通过这种高效的沟通和协作方式，预算编制过程得以大大简化，编制周期也显著缩短，为单位的战略规划和资源配置提供了更加及时的支持。

（二）减少人为错误，提高准确性

在传统的预算管理模式下，人工操作占据了主导地位。然而，人类的认知和操作能力存在一定的局限性，这使得在预算管理过程中，人为错误的出现几乎难以避免。数据录入环节是人为错误的高发区。预算管理涉及大量的数据，从各部门的业务数据，如项目成本、人员薪酬、设备采购费用等，到财务数据，如收入、支出、资产负债等，都需要准确无误地录入系统。在实际操作中，由于操作人员的疏忽、疲劳或者对数据理解的偏差，很容易出现数据录入错误。可能会将数字输错、遗漏某些关键数据或者将数据录入到错误的字段中。这些看似微小的错误，却可能对整个预算管理产生重大影响。如果在录入项目成本数据时出现错误，会导致预算编制的不准确，进而影响到项目的资源分配和执行进度。

计算错误也是人工操作中常见的问题。在预算管理中，需要进行各种复杂的计算，如预算收支的平衡计算、各项预算指标的计算等。人工计算不仅耗时耗力，而且容易出现计算错误。在计算多个项目的总预算时，可能会在加法运算中出现错误；在计算预算执行率等比率指标时，也可能会因为公式运用错误或者数据取值错误而导致计算结果不准确。这些计算错误会使预算数据失去可靠性，无法为管理者提供准确的决策依据。

预算管理信息化系统的出现，为这些人为错误问题提供了有效的解决方案。在数据录入环节，信息化系统具有强大的校验功能。系统可以根据预算管理的规则和要求，设置各种校验规则。对于数据格式，系统可以规定特定的格式要求，如日期格式、数字格式等，当操作人员录入的数据不符合格式要求时，系统会自动提示错误，要求重新录入。系统还可以进行逻辑关系校验，例如，在录入项目预算时，系统可以检查项目的预算收入和预算支出之间的逻辑关系，如果出现支出大于收入的情况，系统会发出警告，提示操作人员进行检查和修正。通过这些校验规则，系统能够有效地避免数据录入错误的发生，确保录入数据的准确性。

在数据计算和汇总过程中，预算管理信息化系统的优势更加明显。系统内置了各种计算公式和算法，能够自动进行复杂的计算。在计算预算执行率时，系统可以根据设定的公式，自动从数据库中提取实际执行数据和预算数据，进行计算并得出结果。这种自动计算方式不仅大大提高了计算的效率，而且避免了人工计算可能出现的错误。系统还可以进行数据的批量计算和汇总，能够快速准确地处理大量数据，生成各种预算报表和分析报告。

二、增强预算管理的科学性

信息化系统能够收集和存储大量的预算相关数据，包括历史预算数据、实际执行数据、行业数据等。通过对这些数据的深入分析，能够发现预算管理中的规律和趋势。例如，通过分析历史预算数据，可以了解过去几年中各项预算项目的支出情况和变化趋势，为下一年度的预算编制提供参考。通过对比行业数据，可以发现本单位在预算管理方面与同行业其他单位的差距，从而有针对性地进行改进。此外，利用数据分析技术，还可以对预算执行情况进行预测，提前发现潜在的问题和风险，及时采取措施进行防范和应对，使预算管理更加科学合理。

三、适应时代发展的需求

（一）顺应数字化转型趋势

在当今数字化时代，各行各业都在积极推进数字化转型，事业单位也不例外。预算管理作为事业单位管理的重要组成部分，推进信息化建设是实现数字化转型的必然要求。通过预算管理信息化，能够将事业单位的预算管理与其他业务系统进行整合，实现数据的互联互通和业务的协同运作。例如，将预算管理系统与资产管理系统、人力资源管理系统等进行集成，可以实现对资源的综合管理和优化配置，提高单位的整体管理水平。同时，信息化建设还能够提升事业单位的服务能力和效率，更好地满足社会公众的需求，适应时代发展的趋势。

（二）满足政策法规要求

随着国家对预算管理要求的提升，一系列相关的政策法规相继出台，对预算管理的科学性、规范性和透明度提出了更高的标准。推进预算管理信息化建设，能够帮助事业单位更好地落实这些政策法规的要求。例如，通过信息化系统实现预算的公开透明，满足政府信息公开的要求；通过系统对预算执行情况的监控和分析，确保预算资金的使用符合法律法规的规定。同时，信息化系统还能够提供完整的审计线索，方便审计部门进行审计监督，提高事业单位的合规性。因此，推进预算管理信息化是满足政策法规要求的必要手段。

第二节　预算管理信息化建设的现状与问题

一、预算管理信息化建设的现状

（一）信息化系统功能逐步完善，但集成性与协同性不足

在当今数字化转型的浪潮中，预算管理信息化建设已成为众多事业单位提升管理效率、优化资源配置的重要举措。随着这一进程的不断推进，部分事业单位的预算管理系统在功能层面取得了显著的进展，展现出丰富和完善的趋势。越来越多的单位开始意识到预算与绩效紧密结合的重要性，并积极在系统中融入相关功能模块。一些事业单位的预算管理系统不仅能够满足基本的预算编制、执行和监控需求，还增设了绩效目标设定、绩效评价等关键功能。

以某事业单位为例，其预算管理系统在预算编制环节，允许业务部门和财务部门共同参与，同步设定清晰、可衡量的绩效目标。这些目标与预算项目紧密关联，明确了每一项预算资金的预期产出和效果。在预算执行过程中，系统能够实时跟踪绩效目标的完成情况，通过数据采集和分析，直观地展示各项指标的进展状态。若某个项目的预算资金用于提升员工培训质量，系统可以对培训的参与人数、培训效果、评估分数等绩效指标进行跟踪，及时发现目标执行过程中存在的问题。

尽管这些系统在功能完善方面迈出了重要的一步，但在集成性和协同性

方面却存在着明显的短板，严重制约了系统整体效能的发挥。从系统间的集成性来看，预算管理系统与其他关键业务系统，如财务核算系统、资产管理系统等，缺乏有效的数据交互和共享机制。财务核算系统作为反映单位财务状况和经营成果的核心系统，与预算管理系统本应紧密相连，实现数据的实时传递和共享。但在实际情况中，预算执行数据往往不能及时、准确地反馈到财务核算系统中。当业务部门发生一笔预算内的支出时，预算管理系统可能记录了该笔支出的发生，但财务核算系统却未能同步更新，导致财务核算与预算执行情况出现脱节。这使得单位管理层无法通过财务核算系统准确了解预算的执行进度和资金的实际使用情况，难以做出科学的决策，也增加了财务管理的风险。

资产管理系统与预算管理系统之间同样存在集成不足的问题。预算管理系统在编制资产购置预算时，需要参考资产管理系统中的资产存量、使用状况等信息，以确保预算的合理性和准确性。由于两个系统之间缺乏有效的数据交互，预算编制人员往往无法获取最新、最准确的资产信息，可能导致资产购置预算的不合理，出现重复购置或资产闲置浪费的情况。在系统内部，各功能模块之间的协同性也亟待提高。绩效评价作为预算管理的重要环节，其结果应及时反馈到预算编制环节，为下一轮预算的动态调整和优化提供依据。在现有的预算管理系统中，绩效评价结果往往不能及时、有效地传递到预算编制模块。当绩效评价发现某个项目的资金使用效率低下，未能达到预期的绩效目标时，预算编制环节却无法及时根据这一结果对下一年度的预算进行调整，导致预算资金继续按照原有的不合理分配方式进行安排，无法实现资源的优化配置

（二）数据积累初具规模，但质量与价值挖掘存在问题

随着事业单位不断推进预算管理信息化建设，经过一段时间的努力，已经积累了相当规模的与预算管理相关的数据。这些数据犹如一座蕴含了丰富信息的宝藏，涵盖了预算管理流程中的各个关键环节，从预算编制时的各项收支规划、资源分配计划，到预算执行过程中的每一笔资金流向、业务活动开展情况，再到预算调整的原因、过程和结果，以及绩效评价所涉及的各类指标和反馈信息等。它们相互关联，全方位地反映了事业单位预算管理的实

际状况，为深入开展预算绩效管理提供了坚实的数据基础和丰富的数据源。然而，在看似丰富的数据表象之下，数据质量问题却如同隐藏的暗礁，严重影响着数据的可用性和预算管理工作的有效开展。数据的准确性难以保证是一个突出的问题。在数据录入过程中，由于操作人员的疏忽、业务知识的欠缺或者系统操作的不规范等原因，很容易出现数据录入错误。在记录预算执行数据时，可能将某项费用错误地归类到其他科目下，导致费用分类混乱，无法准确反映实际的业务支出情况；或者在记录金额时出现小数点错位、数字误输等问题，使得预算执行数据与实际情况产生偏差，进而影响对预算执行情况的准确判断和分析。

数据的完整性也存在较大的隐患。关键信息的缺失会使数据失去应有的价值和意义。在预算编制数据中，可能缺少某些项目的详细说明、成本估算依据等重要信息，导致后续在审核、执行和评价过程中无法全面了解项目的情况，难以做出科学合理的决策。在绩效评价数据中，如果缺少对某些关键绩效指标的记录或相关评价标准不明确，就无法准确衡量项目的绩效水平，无法为预算调整和优化提供有力的支持。

不同系统数据不一致的情况也屡见不鲜。由于事业单位内部存在多个业务系统，如预算管理系统、财务核算系统、资产管理系统等，这些系统在建设和运行过程中可能缺乏有效的数据集成和共享机制，导致同一数据在不同系统中的记录存在差异。预算管理系统中记录的资产购置预算金额与资产管理系统中记录的实际资产购置金额不一致，这种数据的不一致性会给预算管理带来极大的困扰，增加了核对和分析数据的难度，也影响了数据的可信度和使用价值。

二、预算管理信息化建设存在的问题

（一）缺乏统一规划与标准，系统建设杂乱无章

在预算管理信息化的时代浪潮下，众多事业单位积极投身于相关建设，期望借此提升管理效率与决策科学性。然而，令人遗憾的是，相当一部分事业单位在推进过程中暴露出严重问题，其中缺乏统一规划与标准，导致系统

建设杂乱无章的现象尤为突出。

统一规划在预算管理信息化建设中起着提纲挈领的作用，它如同建筑蓝图，明确了整个系统的架构、功能模块以及发展方向。缺乏统一规划，使得不同部门或项目在开展信息化建设时如同盲人摸象，各自为政。部门基于自身狭隘的业务需求和有限的认知，自行采购或开发信息化系统。财务部门可能为了满足财务核算和预算控制的需求，选择了一套功能强大但与其他部门系统不兼容的预算管理软件；而业务部门则从自身业务操作便捷性出发，开发了另一套独立的系统。这种各自为政的局面导致了系统之间的割裂，无法形成有机的整体。

系统之间缺乏兼容性和协同性所形成的信息孤岛，给事业单位的预算管理带来了诸多弊端。以数据传输和共享为例，由于财务部门和业务部门使用不同的系统，且系统之间无法实现自动对接，大量的数据在两个系统之间的流转只能依靠人工进行整理和核对。在预算执行阶段，业务部门发生的每一笔费用支出，都需要人工将相关数据整理后再录入财务部门的系统中，这不仅耗费了大量的人力和时间成本，而且在人工操作过程中极易出现数据错误。一旦数据出现偏差，就会影响到预算执行情况的准确统计和分析，进而干扰管理层对单位财务状况的判断和决策。

缺乏统一标准更是加剧了系统建设的混乱局面。在数据格式方面，不同系统可能采用不同的编码方式和数据存储格式。一个系统中日期的格式为"年－月－日"，而另一个系统可能为"月／日／年"，这种差异使得数据在不同系统之间的交换和整合变得异常困难。编码规则的不一致也给数据的识别和处理带来了障碍。在对预算项目进行编码时，不同系统可能采用不同的编码体系，导致在汇总和分析预算数据时，无法准确地对项目进行分类和统计。

业务流程方面的差异同样不容忽视。各系统在设计时往往只考虑了自身业务的流程需求，而没有从单位整体的预算管理流程出发进行优化和整合。财务部门的预算审批流程和业务部门的项目申报流程可能存在脱节，使得预算的编制、执行和审批无法顺畅地衔接，降低了预算管理的效率。

这些因缺乏统一标准而产生的问题，给系统的整合和升级带来了巨大的挑战。当事业单位意识到需要对现有系统进行整合，以实现预算管理信息化的整体效益时，会发现由于系统之间在数据格式、编码规则和业务流程等方面的差异，整合工作难度极大，需要投入大量的人力、物力和财力进行系统的改造和调试。同样，在进行系统升级时，也会因为缺乏统一标准而面临诸多兼容性问题，使得升级工作举步维艰。

（二）资金投入不足且分配不合理，制约系统发展

在预算管理信息化建设的征程中，资金是推动其顺利前行的关键动力。然而，现实情况却不容乐观，众多事业单位在这方面面临着资金投入不足以及分配不合理的双重困境，如同给信息化建设的车轮加上了沉重的枷锁，极大地制约了系统的发展，进而对预算绩效管理的成效产生了负面影响。

预算管理信息化建设涵盖了多个重要环节，每个环节都离不开资金的有力支持。系统的采购需要资金来选择性能良好、功能完备的软件或硬件设备；开发过程中，无论是定制化开发还是对现有系统的二次开发，都需要投入大量资金用于聘请专业的技术人员、进行市场调研以及开展测试等工作；实施阶段，包括系统的安装调试、人员培训等也需要一定的资金保障；而维护和升级更是一个长期持续的过程，需要不断投入资金来应对系统运行中出现的问题、更新软件版本以及适应不断变化的业务需求和技术环境。

许多事业单位由于自身资金来源有限，对预算管理信息化建设的投入往往捉襟见肘。在系统建设的关键阶段，为了控制成本，一些单位不得不选择购买功能相对简单、价格较为低廉的软件产品。这种看似节省资金的做法，实则为后续的工作埋下了隐患。这些功能有限的软件可能无法涵盖预算管理的所有关键环节，如在绩效评价方面，可能缺乏全面的指标设置和深入的分析功能，无法满足单位对预算绩效管理的实际需求。在预算编制过程中，可能无法实现数据的自动汇总和智能分析，仍然需要大量的人工操作，降低了工作效率，也容易出现人为错误。

资金分配不合理也是一个亟待解决的突出问题。部分事业单位在信息化建设过程中，存在着明显的重采购、轻维护和升级的倾向。他们将大量的资金集中投入系统的采购环节，认为只要拥有了一套信息化系统，就完成了信息化建设的任务。然而，他们忽略了一个重要的事实，即预算管理信息化是一个动态的过程，随着业务的不断发展和管理要求的日益提高，系统需要不断地进行维护和升级，以保持其适应性和有效性。

随着时间的推移，业务环境发生了变化，新的政策法规出台，单位的预算管理流程也可能进行调整。此时，那些前期只注重采购而忽视维护和升级的系统，往往无法适应这些新的需求。系统可能会出现运行不稳定、功能过时等问题，甚至可能面临安全漏洞等风险。由于缺乏足够的资金进行升级改造，单位只能让系统勉强维持运行，这不仅影响了预算管理工作的效率和质量，也使得预算绩效管理无法得到有效的支持。

（三）信息安全保障体系不健全，数据面临风险

在当今数字化高度发展的时代，预算管理信息化系统已成为事业单位进行财务管理和业务运营的核心工具，其中承载着海量关键的财务和业务数据。这些数据不仅关乎单位的财务状况、资源配置，更与单位的战略决策和长远发展紧密相连。因此，信息安全无疑是预算管理信息化系统正常运行和发挥效能的基石。然而，现实情况是众多事业单位在信息安全保障方面存在明显短板，其不健全的信息安全保障体系使得数据时刻面临着诸多潜在风险。

从技术防护层面来看，许多事业单位的预算管理信息化系统存在严重的防护不足问题。随着网络技术的飞速发展，网络攻击手段日益复杂多样，病毒感染、黑客入侵等威胁时刻觊觎着系统中的数据。一些单位由于对信息安全的重视程度不够或缺乏专业的技术人员和足够的资金投入，导致预算管理系统未能及时更新安全补丁。安全补丁的缺失使得系统如同不设防的城堡，存在大量漏洞，成为黑客和恶意软件的攻击目标。一旦系统被攻击，不仅可能导致数据泄露，使单位的财务信息、业务机密等重要数据落入不法分子之手，造成经济损失和声誉损害，还可能导致系统瘫痪，使单位的预算管理工作陷入停滞，严重影响业务的正常开展。

缺乏完善的信息安全管理制度和流程也是信息安全保障体系的一大软肋。在人员管理方面，一些单位没有建立严格的用户权限管理机制，对员工的权限分配过于随意。部分员工可能拥有超出其工作需要的过高权限，这就为数据被非法访问和篡改提供了可乘之机。某些员工可能因为疏忽或受到利益诱惑，利用自己的高权限访问敏感数据，甚至进行恶意篡改，从而破坏数据的完整性和准确性，给单位的预算管理带来严重后果。在数据访问流程上，也缺乏必要的审核和监管环节，无法及时发现和阻止异常的数据访问行为。

数据的备份和恢复策略的缺失同样令人担忧。数据作为预算管理信息化系统的核心资产，其安全性和可用性至关重要。然而，许多事业单位既没有充分认识到数据备份和恢复的重要性，也没有制定有效的数据备份和恢复策略。在日常运营中，没有定期对数据进行备份，或者备份的数据存储方式不安全，容易受到自然灾害、硬件故障等因素的影响。一旦发生数据丢失或损坏，由于缺乏有效的恢复手段，就无法及时恢复数据，导致单位无法准确了解预算执行情况，无法进行有效的财务管理和决策，甚至可能面临法律风险和合规问题。

（四）与预算绩效管理融合不够，无法实现有效支撑

预算管理信息化建设作为提升事业单位财务管理水平和决策科学性的重要手段，其终极目标是为预算绩效管理提供坚实且有效的支撑，助力单位实现资源的最优配置和效益的最大化。然而，当下的实际情况却不容乐观，两者之间的融合程度尚浅，存在诸多亟待解决的问题，严重制约了预算管理信息化系统价值的充分发挥以及预算绩效管理工作的高效开展。

从信息化系统的设计与建设层面来看，在规划和搭建过程中，对预算绩效管理的需求缺乏全面且深入的考量，这成为导致系统功能与预算绩效管理要求脱节的关键因素。预算绩效管理涵盖了绩效目标设定、绩效运行监控、绩效评价以及结果应用等多个紧密相连的环节，每个环节都对信息化系统的功能有着特定的要求。在绩效目标设定方面，一个完善的预算管理信息化系统应具备灵活且精准的目标设定功能，能够根据单位的战略规划、业务重点以及具体项目的特点，协助用户科学合理地制定可量化、可衡量、可实现的绩效目标。现实中许多系统在这方面存在明显不足，目标设定功能过于简单、机械，缺乏对目标之间逻辑关系的梳理和分析，无法满足复杂多变的预算绩效管理需求。

绩效评价功能的不完善也是一大突出问题。预算绩效管理的核心在于准确衡量预算资金的使用效益，而绩效评价是实现这一目标的关键手段。信息化系统应具备强大的数据分析和处理能力，能够综合运用多种评价方法，如成本效益分析、因素分析、标杆管理等，对预算项目的执行情况和绩效目标的完成程度进行全面、客观、深入的评价。当前不少系统的绩效评价功能仅

仅停留在简单的数据统计和对比层面，无法深入挖掘数据背后的潜在信息，难以准确判断预算资金的使用效益，更无法为预算调整和优化提供有力的决策依据。

预算绩效管理的理念和方法未能充分融入信息化系统的应用之中，这进一步阻碍了两者的深度融合。预算绩效管理强调以绩效为导向，注重预算编制、执行与绩效目标的紧密关联，追求资源的高效配置和效益的最大化。在实际应用中，员工受传统预算管理思维的束缚，习惯按照既定的流程和方式进行操作，对信息化系统所蕴含的先进管理理念和功能模块缺乏足够的认识和运用。员工在编制预算时，可能仍然侧重于满足预算控制的要求，而忽视了绩效目标的设定和与业务活动的匹配；在预算执行过程中，没有充分利用信息化系统的实时监控功能对绩效目标的实现情况进行跟踪和分析，导致预算与绩效之间缺乏有效的联动。

这种现象的产生，一方面源于员工对预算绩效管理理念的理解和接受程度不足，缺乏相关的培训和引导，未能将新的管理理念转化为实际操作中的自觉行动；另一方面也反映出信息化系统在设计和推广过程中，对用户需求的关注不够，未能提供便捷、易用且符合预算绩效管理流程的操作界面和功能模块，使得员工在使用过程中感到困惑和不便，从而降低了对系统的使用积极性和依赖度。

第三节　预算管理信息化建设的优化路径

一、制定科学统一的信息化建设规划

（一）明确建设目标与战略

事业单位应结合自身的发展战略和预算管理需求，明确预算管理信息化建设的长期和短期目标。长期目标可设定为实现预算管理全流程的数字化、智能化，提升预算管理的科学性和精准性，为单位的战略决策提供有力支持。

短期目标则可以是在特定时间内（如 1—2 年内）完成预算编制、执行和监控系统的优化升级，提高预算管理的效率和透明度。例如，某科研事业单位的长期目标是通过信息化建设，实现科研项目预算的精细化管理，提高科研资金的使用效益；短期目标是在 1 年内完善预算执行监控系统，实时掌握科研项目资金的使用情况。同时，将预算管理信息化建设纳入单位的整体发展战略规划，确保信息化建设与单位的其他业务发展相协调。

（二）统一技术标准与规范

在预算管理信息化建设的进程中，建立统一的技术标准和规范犹如搭建起稳固的基石，是实现预算管理信息化系统集成以及数据顺畅共享的关键所在。随着事业单位业务的日益多元化和复杂化，其内部往往存在着多个相互独立的系统，如财务系统、业务系统以及预算管理系统等。倘若缺乏统一的标准和规范，这些系统就如同各自孤立的岛屿，数据无法有效流通，系统之间也难以协同工作，严重阻碍了预算管理信息化的发展。

制定涵盖多方面的统一标准是解决这一问题的核心举措。在数据格式方面，统一的标准能够确保不同系统之间的数据可以被准确识别和处理。在预算管理中，涉及大量的财务数据、业务数据以及绩效数据等，这些数据的格式必须统一规范。对于金额数据，规定统一的小数点位数和货币单位表示方式；对于日期数据，采用一致的日期格式，如"YYYY-MM-DD"。这样一来，当数据在不同系统之间传输时，就不会因为格式差异而导致数据错误或无法识别的情况发生。

编码规则的统一同样至关重要。以预算项目的分类编码为例，统一的分类编码标准可以使财务系统、业务系统和预算管理系统中的预算项目数据实现准确匹配和共享。通过对预算项目进行科学合理的分类编码，能够清晰地反映出项目的性质、用途和所属领域等信息。对于教育事业单位的预算项目，可以按照教学项目、科研项目、行政办公项目等进行分类，并赋予相应的编码。这样，在进行预算编制、执行监控以及绩效评价时，不同系统都能够基于统一的编码规则对项目数据进行准确地处理和分析，提高了数据的一致性和可用性。

接口标准的统一是实现系统之间无缝对接的桥梁。不同系统之间需要通过接口进行数据交互和功能调用，统一的接口标准能够确保系统之间的通信顺畅无阻。规定接口的协议类型、数据传输格式以及调用方式等，使得各个系统都能够按照统一的标准进行数据交换和共享。预算管理系统与财务核算系统之间的接口，通过统一的接口标准，使预算执行数据能够实时准确地反馈到财务核算系统中，实现财务核算与预算执行情况的同步更新，为财务管理提供及时准确的信息支持。

业务流程的规范也是统一标准的重要组成部分。统一的业务流程能够使预算管理工作更加规范化和标准化，提高工作效率和质量。明确预算编制、审批、执行、调整以及绩效评价等各个环节的业务流程和操作规范，确保每个环节都有明确的职责分工和操作指引。在预算编制环节，规定各部门的预算编制流程和时间节点，要求部门在规定的时间内提交准确的预算数据；在预算审批环节，明确审批的权限和流程，确保预算的合理性和合规性。

规范系统的开发、实施和运维流程对于提高系统的稳定性和可靠性具有重要意义。在系统开发阶段，明确技术要求和质量标准，要求开发团队按照统一的标准进行系统设计和编码，确保系统的功能符合预算管理的实际需求。在实施阶段，制订详细的实施计划和操作流程，确保系统能够顺利部署和上线运行。在运维阶段，建立完善的运维管理制度，明确运维人员的职责和工作流程，及时处理系统运行中出现的问题，保证系统的稳定运行。

二、加大资金投入并合理分配

（一）增加资金投入力度

在当今数字化时代，预算管理信息化建设已成为事业单位提升管理效能、增强决策科学性的关键举措。然而，这一建设过程离不开充足的资金支持。事业单位必须深刻认识到预算管理信息化建设的战略意义，积极主动地采取有效措施，加大资金投入力度，为信息化建设的顺利推进提供坚实的物质基础。

争取财政部门和上级主管单位的支持是增加资金投入的重要途径。财政部门作为资金的主要调配者，对事业单位的发展起着关键的引导和支持作用。

上级主管单位则对事业单位的业务和管理情况有着深入的了解。事业单位应积极与财政部门和上级主管单位沟通协调，详细阐述预算管理信息化建设的必要性、预期目标以及对单位发展的重要意义。通过提交全面、科学的项目可行性报告，展示信息化建设将如何提高预算管理的效率和准确性，为单位的资源配置和战略决策提供有力支持。以教育事业单位为例，其可以向财政部门和上级教育主管单位说明，预算管理信息化系统能够实现教育经费的精准核算和合理分配，提高教育资源的利用效率，促进教育事业的均衡发展。通过这种方式，争取将信息化建设资金纳入财政预算安排，确保有稳定的资金来源用于系统的采购、开发、实施和维护。

优化单位内部的资金配置也是加大资金投入的重要手段。事业单位内部的资金分配往往涉及多个项目和领域，在保证单位正常运转和重点项目推进的前提下，合理调整其他项目的资金安排，向预算管理信息化建设倾斜是可行且必要的。某事业单位在进行年度资金规划时，对各个项目进行了全面的评估和分析。发现一些非关键项目的资金使用效率较低，且对单位的核心业务影响较小。于是，该单位果断减少了这些非关键项目的资金投入，将节省下来的资金集中用于预算管理信息化系统的升级改造。通过升级系统的硬件设施、优化软件功能模块等措施，提高了系统的运行速度和稳定性，增强了系统的数据分析和处理能力，为预算管理工作提供了更加高效、准确的支持。

探索多元化的资金来源渠道是进一步增加资金投入的有效补充。除了依靠财政拨款和内部资金调配外，事业单位还可以积极开拓新的资金来源。争取社会捐赠是一种可行的方式。一些事业单位具有良好的社会声誉和影响力，通过宣传预算管理信息化建设的意义和成果，吸引社会各界的关注和支持，鼓励企业、基金会或个人进行捐赠。引入合作伙伴也是一种创新的资金获取方式。与相关企业或机构建立合作关系，共同开展预算管理信息化建设项目。合作伙伴可以提供资金、技术或其他资源支持，同时也能从合作项目中获得相应的利益，实现互利共赢。某医疗事业单位与一家科技公司合作，科技公司提供资金和技术支持，帮助医院开发和维护预算管理信息化系统。作为回报，科技公司可以在一定范围内使用医院的相关数据进行技术研究和产品开发，同时也提高了医院的信息化管理水平。

（二）合理分配资金

在预算管理信息化建设中，资金的合理分配是确保系统成功建设和稳定运行的关键因素。事业单位在推进信息化建设时，必须全面考量系统建设的各个环节，精心规划资金的流向，避免因资金分配失衡而导致系统建设受阻或运行不畅。

系统采购是信息化建设的基础环节，资金的合理投入至关重要。在这一阶段，事业单位需充分结合自身的实际业务需求和财务预算状况，审慎选择软件和硬件设备。对于软件的选择，不能仅仅追求功能的全面性，而应着重关注其是否契合单位的预算管理流程和业务特点。对于业务复杂、预算项目繁多的单位，需要一款具备强大数据分析、预算编制与执行监控、绩效评价等功能的预算管理软件。同时，要综合评估软件的性价比，避免盲目追求高端软件而造成资金浪费。在硬件设备方面，要根据软件的运行要求和单位的业务规模，选择性能稳定、配置合理的服务器、计算机等设备。对于数据处理量较大的单位，需配置高性能的服务器以确保系统的运行速度和数据处理能力。

系统开发是实现信息化系统个性化和优化的重要阶段。在这一环节，事业单位要保证充足的资金投入，用于功能定制和优化。随着预算管理要求的不断提高和业务的持续变化，系统功能需要不断调整和完善。一些事业单位可能需要根据自身的特殊业务需求，定制特定的预算编制模板、绩效评价指标体系等。通过合理安排资金，聘请专业的开发团队进行系统开发和优化，能够使系统更好地满足单位的实际需求，提高预算管理的效率和准确性。

实施阶段是将系统从设计蓝图转化为实际可用工具的关键过程，同样需要合理的资金支持。资金要用于人员培训和数据迁移等工作。人员培训是确保系统顺利使用的基础，通过安排资金组织员工参加系统操作培训，使员工熟悉系统的功能和使用方法，能够提高员工的工作效率和系统的应用效果。数据迁移工作则需要专业的技术人员和工具，确保历史数据的准确、完整迁移，避免数据丢失或错误。合理的资金投入能够保障实施阶段各项工作的顺利进行，减少系统上线的风险。

系统维护是保障系统长期稳定运行的必要措施，在这一阶段预留足够的资金至关重要。日常维护工作包括系统的故障排除、性能优化等，需要专业的技术人员进行定期检查和维护。系统升级是适应业务发展和技术进步的需要，随着预算管理业务的变化和信息技术的不断更新，系统需要及时进行升级，以增加新功能、提高安全性和稳定性。安全保障工作也是维护阶段的重要内容，包括网络安全防护、数据备份与恢复等，以防止系统遭受攻击和数据丢失。通过合理安排维护资金，能够确保系统始终处于良好的运行状态，为预算管理工作提供持续的支持。

为了确保资金使用的透明度和合理性，提高资金的使用效益，事业单位还应建立健全资金使用的监督机制。设立专门的监督小组，对资金的使用情况进行全程跟踪和监督。监督小组要定期审查资金的支出记录，检查资金是否按照预定的计划和用途使用，是否存在浪费或挪用的情况。对资金使用的效果进行评估，通过对比系统建设前后的预算管理效率和效果，判断资金的投入是否达到了预期的目标。对于发现的问题，要及时提出整改措施，确保资金使用规范和有效。

三、加强信息安全保障体系建设

（一）强化技术防护措施

在当今数字化信息飞速发展的时代，预算管理信息化系统已成为事业单位财务管理和决策的重要支撑。然而，随着网络安全威胁的日益多样化和复杂化，强化该系统的技术防护措施显得尤为迫切和关键。事业单位必须积极采用先进的信息技术手段，全方位、多层次地加强系统的安全防护，以确保预算管理工作的正常运行和数据的安全可靠。

1. 安装防火墙

安装防火墙是构建系统安全防护体系的第一道防线。防火墙作为一种网络安全设备，能够根据预设的安全策略，对进出网络的数据包进行过滤和监控。它可以阻止未经授权的外部网络访问，防止黑客、恶意软件等通过网络入侵系统。对于预算管理信息化系统而言，防火墙能够有效地隔离内部网络和外部网络，保护系统免受外部的攻击。在配置防火墙时，事业单位需要根据自身的网络架构和安全需求，合理设置访问规则，确保只有合法的用户和设备才能访问系统，同时限制不必要的网络流量，提高系统的安全性和稳定性。

2. 入侵检测系统（IDS）

入侵检测系统（IDS）则是一种能够实时监测网络流量和系统活动的安全设备。它通过分析网络数据包和系统日志，及时发现潜在的入侵行为和安全漏洞。当检测到异常活动时，入侵检测系统会立即发出警报，并采取相应的措施，如阻止攻击源的访问、记录攻击行为等。在预算管理信息化系统中，入侵检测系统可以对系统的关键资源和数据进行实时监控，及时发现并防范黑客的攻击和恶意软件的入侵，保护系统的安全运行。

3. 防病毒软件

防病毒软件也是不可或缺的安全防护工具。随着网络的普及，病毒、木马等恶意软件的传播速度越来越快，对系统的威胁也越来越大。安装防病毒软件可以实时扫描系统中的文件和程序，检测并清除病毒、木马等恶意软件。在预算管理信息化系统中，防病毒软件能够保护系统的软件和数据免受恶意软件的破坏，确保系统的正常运行。为了提高防病毒软件的防护效果，事业单位需要定期更新病毒库，以应对不断变化的病毒威胁。

4. 加密处理

对系统的数据进行加密处理是保障数据安全的重要手段。在数据传输过程中，采用 SSL 加密技术对网络通信进行加密，能够有效防止数据被窃取和篡改。SSL 加密技术通过在客户端和服务器之间建立安全的通信通道，对传输的数据进行加密和解密，确保只有授权的用户才能访问和读取数据。在数据存储方面，对重要的预算数据采用加密算法进行存储，如 AES 加密算法等，只有拥有正确密钥的授权用户才能访问和解密数据。通过数据加密处理，即使数据在传输或存储过程中被截获，攻击者也无法获取数据的真实内容，从而确保了预算数据的安全性和保密性。

5. 定期对系统进行安全漏洞扫描和修复

定期对系统进行安全漏洞扫描和修复是提高系统安全性能的重要措施。随着信息技术的不断发展，系统软件和应用程序中可能会出现各种安全漏洞。这些漏洞如果不及时修复，就可能会被黑客利用，导致系统被攻击和数据泄露。因此，事业单位需要定期使用专业的安全漏洞扫描工具对预算管理信息化系统进行全面扫描，及时发现系统中存在的安全漏洞。对于发现的漏洞，要及时更新安全补丁，修复漏洞，提高系统的安全性能。还应建立安全漏洞管理机制，对安全漏洞的发现、修复和验证等过程进行规范化管理，确保系统的安全漏洞得到及时有效的处理。

强化技术防护措施是保障预算管理信息化系统安全的关键。事业单位应综合运用安装防火墙、入侵检测系统、防病毒软件、数据加密处理以及定期安全漏洞扫描和修复等多种技术手段，构建完善的系统安全防护体系。只有这样，才能有效地防止网络攻击、病毒感染和数据泄露等安全事件的发生，确保预算管理信息化系统的安全稳定运行，为事业单位的财务管理和决策提供可靠的支持。

（二）完善信息安全管理制度

在预算管理信息化建设不断推进的当下，完善的信息安全管理制度是确保预算管理信息化系统安全稳定运行、保护单位重要数据资产的关键保障。随着信息技术的广泛应用，预算管理信息化系统承载着大量敏感的财务和业务数据，一旦信息安全出现问题，不仅会影响单位的正常运营，还可能导致严重的经济损失和声誉损害。因此，事业单位必须高度重视信息安全管理，建立健全相关制度，明确各部门和人员的职责权限，规范管理流程。

建立健全信息安全管理制度的首要任务是明确单位内部各部门和人员在信息安全管理中的职责和权限。预算管理信息化系统的安全涉及多个部门，如财务部门、信息技术部门、业务部门等。财务部门负责对预算数据的准确性和完整性进行审核，信息技术部门承担系统的技术维护和安全防护工作，业务部门则需要确保业务操作的合规性以及数据录入的准确性。通过明确各部门的职责，避免出现职责不清、推诿扯皮的现象，确保信息安全管理工作落到实处。对于人员权限，要根据其岗位和职责进行合理分配，严格限制不必要的权限，防止内部人员的违规操作和数据泄露。

制定全面细致的制度和流程是完善信息安全管理制度的核心内容。在用户权限管理方面，建立严格的用户权限审批制度至关重要。新用户的权限申请需要经过严格的审批流程，由相关部门负责人根据用户的工作需求和职责进行审核，确保用户权限与实际工作相匹配。对于现有用户的权限变更，也要进行严格的审批和记录，防止用户越权操作。定期对用户权限进行审查，及时收回不再需要的权限，确保系统的安全性。

数据备份与恢复是信息安全管理的重要环节。制订详细的数据备份和恢复计划，明确备份的频率、方式和存储位置。对于预算管理信息化系统的数据，应定期进行全面备份，同时根据数据的重要性和更新频率，设置不同的备份策略。对于关键的预算数据，每天进行增量备份，每周进行一次全量备份。将备份数据存储在安全可靠的位置，如异地备份中心，以防止因自然灾害、硬件故障等原因导致数据丢失。还要定期进行恢复测试，确保备份数据的可用性和完整性，在数据丢失或损坏时能够及时恢复数据，保障预算管理工作的连续性。

系统运维管理是确保系统正常运行的基础。建立系统运维管理制度，规范系统的日常维护和管理工作。明确系统运维人员的职责和工作流程，包括系统的监控、故障排除、性能优化等方面。制订系统维护计划，定期对系统进行检查和维护，及时发现并解决潜在的问题。建立应急响应机制，在系统出现故障或安全事件时，能够迅速采取措施进行处理，减少系统停机时间和损失。

四、促进预算管理信息化与预算绩效管理深度融合

（一）优化系统功能设计

在预算管理信息化系统的设计和开发过程中，充分考虑预算绩效管理的需求，将绩效目标设定、绩效指标体系、绩效评价方法等融入系统功能。例如，在预算编制模块中，增加绩效目标设定功能，使预算编制与绩效目标紧密结合；在预算执行监控模块中，实时跟踪绩效指标的完成情况，及时发现预算执行与绩效目标之间的偏差；在绩效评价模块中，提供多种绩效评价方法和工具，方便对预算项目进行全面、客观的评价。同时，建立绩效评价结果与预算调整的联动机制，根据绩效评价结果及时调整预算安排，实现预算资源的优化配置。

（二）加强数据共享与分析

实现预算管理信息化系统与其他相关系统（如财务核算系统、资产管理系统、项目管理系统等）的数据共享和交互，整合预算管理和绩效管理的数据资源。通过数据分析和挖掘技术，深入分析预算数据和绩效数据之间的关系，发现预算管理和绩效管理中的潜在问题和优化空间。例如，通过分析预算执行数据和绩效评价结果，找出预算执行效率低下或绩效不佳的原因，为改进预算管理和绩效管理提供依据。同时，利用数据分析结果，为单位的决策提供支持，如根据绩效评价结果调整资源配置、优化项目安排等。

第七章

事业单位预算管理与绩效管理的融合

第一节　绩效管理的基本理念与方法

一、绩效管理的基本理念

（一）以目标为导向

在当今竞争日益激烈且对公共服务质量要求不断提高的大环境下，绩效管理作为一种科学有效的管理手段，在事业单位中发挥着愈发重要的作用。而以目标为导向则是绩效管理的核心要义，它如同导航灯，为事业单位的管理活动指明方向，确保各项工作能够有序、高效地推进。

绩效管理强调以明确的目标作为管理的核心，这一理念有着深刻的内涵和重要的实践意义。对于事业单位而言，确定清晰、可衡量、可实现、相关联且有时限（SMART 原则）的目标是开展绩效管理的首要任务。这些目标并非孤立存在，而是紧密围绕单位的战略规划和业务重点。以教育类事业单位为例，在教育改革不断深入的背景下，提高教育教学质量成为关键目标之一。为了使这一目标符合 SMART 原则，具体可以设定在未来一学年内，将学生在某一重要学科的平均成绩提高一定的百分点，或者将学生在学科竞赛中的获奖数量提升若干个。这样的目标明确了具体的成果要求，并且是可以通过教学方法的改进、师资力量的加强等措施来实现的。同时，该目标与提升学生综合素质这一总体目标相关联，因为学生成绩的提高往往是综合素质提升的一个重要体现，并且设定了在一学年内完成的时间限制，使得目标具有可操作性和可考核性。

提升学生综合素质也是教育类事业单位的重要目标。这一目标可以进一步细化为多个可衡量的子目标，如在本学年内，使学生的艺术素养测评合格率达到一定比例，或者组织学生参加社会实践活动的人均次数达到规定标准等。这些子目标从不同方面对学生综合素质的提升进行了量化，便于在绩效管理过程中进行评估和监控。增强师资队伍建设同样是教育类事业单位不可或缺的目标。可以设定在未来两年内，引进一定数量的具有高级职称或高学历的优秀教师，或者安排教师参加专业培训的人均时长达到一定的要求等。通过这些具体的目标设定，将师资队伍建设这一宏观目标转化为可操作、可衡量的具体任务。

对于医疗卫生类事业单位来说，提高医疗服务水平是其核心目标之一。具体可设定在未来半年内，将医院的疑难病症诊断准确率提高一定比例，或者将手术的成功率提升到一个新的水平等。这些目标明确了医疗服务质量的具体提升方向，并且可以通过优化医疗流程、加强医护人员培训等方式来实现。降低患者平均住院日也是一个重要目标，这不仅关系到医疗资源的合理利用，也影响着患者的就医体验。可以设定在本季度内，将某类疾病患者的平均住院日缩短若干天，通过改进治疗方案、加强病房管理等措施来达成这一目标。提升患者满意度则可以通过设定在一个月内，使患者满意度调查的得分提高一定分值等具体目标来实现。

以目标为导向意味着所有的管理活动都必须紧密围绕如何实现这些目标展开。在预算编制环节，需要根据目标的要求合理分配资金。为了实现提高教育教学质量的目标，教育类事业单位可能需要将更多的资金投入到教师培训、教学设备购置等方面；医疗卫生类事业单位为了提升医疗服务水平，可能要加大对先进医疗设备的采购预算以及医护人员的薪酬支出预算。在预算执行过程中，要时刻关注目标的进展情况，确保资金的使用符合目标的要求。如果发现某个项目的预算执行进度与目标的实现不匹配，则需要及时调整资金的使用方向或采取其他措施加以改进。

在最终的评估阶段，更要以目标的达成为衡量标准。通过对各项指标的考核和分析，判断目标是否实现以及实现的程度如何。对于已经实现目标的项目或部门，可以给予相应的奖励和表彰，激励他们继续保持良好的工作状态；对于未实现目标的，则要深入分析原因，总结经验教训，为下一轮的绩效管理提供参考。

通过明确目标，能够使单位内部各部门和员工清晰地了解工作方向和重点，避免工作的盲目性，提高工作效率。当每个部门和员工都清楚地知道自己的工作对于实现单位整体目标的贡献时，他们会更加有动力和方向感，从而更加积极主动地投入工作。目标的明确也有助于加强部门之间的沟通与协作，因为大家都朝着共同的目标努力，更容易形成合力，共同推动单位的发展。以目标为导向是绩效管理的重要理念，它贯穿于事业单位管理的全过程。通过设定符合 SMART 原则的目标，并以此为依据开展预算编制、执行和评估等管理活动，能够提高事业单位的管理水平和服务质量，实现单位的战略目标和可持续发展。

（二）注重过程管理

绩效管理不仅仅关注最终的结果，更注重对整个管理过程的监控和引导。在目标确定后，需要将目标分解到各个部门和岗位，并制订相应的工作计划和措施。在执行过程中，要定期对工作进展情况进行跟踪和分析，及时发现问题并采取措施加以解决。例如，在预算执行过程中，要密切关注资金的使用情况，是否按照预算计划进行支出，是否存在超预算或预算执行进度缓慢的情况等。通过对过程的管理，可以及时调整工作策略和资源配置，确保目标的顺利实现。同时，过程管理还能够为员工提供及时的反馈和指导，帮助他们不断提高工作能力和绩效水平。

（三）强调持续改进

绩效管理是一个持续循环的过程，包括目标设定、绩效计划、绩效执行、绩效评估和绩效反馈等环节。在每个循环结束后，都要对绩效结果进行深入分析，总结经验教训，找出存在的问题和不足之处。然后，针对这些问题制定改进措施，在下一个绩效周期中加以改进和完善。例如，如果在绩效评估中发现某个项目的预算执行效果不理想，就要分析是预算编制不合理、执行过程中管理不到位还是其他原因导致的，然后制定相应的改进措施，如调整预算编制方法、加强项目管理等。通过持续改进，不断提高事业单位的管理水平和绩效表现。

（四）全员参与

绩效管理不是某一个部门或某一部分人的事情，而是需要单位全体员工的积极参与。从单位领导到基层员工，每个人都在绩效管理中扮演着重要的角色。单位领导要制定战略目标和绩效管理政策，为绩效管理提供支持和保障；各部门负责人要将单位的目标分解到本部门，并对本部门员工的绩效进行管理和评估；基层员工要明确自己的工作目标和职责，积极完成工作任务，并参与绩效评估和反馈。通过全员参与，能够形成一种良好的绩效管理氛围，提高员工的工作积极性和主动性，增强单位的凝聚力和战斗力。

二、绩效管理的基本方法

（一）目标管理法（MBO）

目标管理法作为一种行之有效的绩效管理方法，在事业单位的管理实践中具有独特的价值和广泛的应用前景。它以目标为核心，将单位的整体战略转化为具体的、可操作的目标体系，从而引导员工的行为，提高组织的绩效。在目标管理法的实施过程中，单位高层管理者肩负着至关重要的责任。他们需要基于单位的战略规划、市场环境以及自身的发展需求，制定出具有前瞻性和可行性的总体目标。对于一家文化事业单位而言，其总体目标可能是在未来几年内提升文化服务的质量和覆盖面，推广优秀的文化项目，增强社会对文化事业的认同感。这个总体目标既体现了单位的使命和愿景，又为后续的目标分解和工作开展提供了方向。一旦总体目标确定，接下来的关键步骤就是将其分解到各个部门和岗位。这一过程需要充分考虑各部门的职能特点、员工的能力水平以及工作的关联性。对于上述文化事业单位，业务拓展部门可能会被赋予开拓新的文化合作项目、增加文化活动场次的目标；成本控制部门则需要制定降低运营成本、优化资源配置的具体指标；质量提升部门要专注于提高文化产品和服务的质量标准、加强对文化项目的评估和监督等。

每个部门再根据自身的目标进一步细化到具体的岗位，如业务拓展部门的项目专员负责具体项目的洽谈和对接，成本控制部门的财务人员要精确核算各项成本等。每个部门和员工在明确了分解后的目标后，就需要制定相应的工作计划和绩效指标。工作计划应详细规划工作的步骤、时间节点和所需资源，确保目标的实现具有可操作性。绩效指标则要具体、可衡量、可达成、相关联且有时限（SMART 原则），以便于对工作成果进行准确评估。文化事业单位的项目专员在制订工作计划时，可能会明确在某个时间段内完成与特定合作方的谈判并签订合作协议，其绩效指标可以设定为成功签订的合作协议数量、合作项目的预期收益等。

在文化事业单位中，项目专员可以每月对自己的工作进展进行自我评估，分析项目推进过程中遇到的困难和解决措施。通过目标管理法，员工能够清晰地明确自己的工作任务和目标，从而增强工作的责任感和主动性。当员工看到自己的工作与单位的总体目标紧密相连，并且自己的努力能够对目标的实现产生直接影响时，他们会更加积极地投入工作，发挥自己的潜力。目标管理法还有助于促进部门之间的沟通与协作，因为各个部门的目标都是为了实现单位的总体目标，在工作过程中需要相互支持和配合。

以某事业单位为例，将年度工作目标分解为业务拓展、成本控制、质量提升等子目标，并进一步细化到各个部门和岗位后，每个部门和员工都有了明确的工作方向和绩效指标。在绩效评估时，根据目标的完成情况来确定员工的绩效水平，对于完成目标出色的员工给予奖励和晋升机会，对于未完成目标的员工则帮助他们分析原因，制订改进计划。这种基于目标的绩效管理方式，有效地提高了员工的工作积极性和工作效率，促进了单位整体绩效的提升。

目标管理法通过明确目标、分解目标、制订计划等一系列环节，为事业单位的绩效管理提供了一种科学、有效的方法。它能够使员工的工作与单位的战略目标紧密结合，提高组织的凝聚力和执行力，推动事业单位在竞争激烈的环境中不断发展和进步。

（二）关键绩效指标法（KPI）

关键绩效指标法作为一种科学有效的绩效管理工具，在事业单位的管理实践中发挥着举足轻重的作用。它通过对组织内部流程关键参数的精准把控，为衡量和提升流程绩效提供了清晰的目标式量化管理指标，助力事业单位实现战略目标和业务的高效运作。

在事业单位运用关键绩效指标法时，指标的选取是核心环节。这要求紧密围绕单位的战略目标和业务重点，精准识别并突出关键领域和关键环节。对于科研事业单位而言，科研项目的开展是其核心业务活动，因此相关的关键绩效指标能直观反映其工作成效。科研项目的立项数量是衡量科研单位创新能力和竞争力的重要指标之一。较多的立项数量意味着单位在科研领域的活跃度高，能够不断提出具有创新性和前瞻性的研究课题，争取到更多的科研资源。科研成果的转化数量则体现了科研工作的实际价值。将科研成果转化为实际生产力或社会效益，是科研工作的重要目标，较高的转化数量说明单位的科研成果能够切实应用到实际中，为社会发展作出贡献。科研经费的使用效益也是关键指标，合理高效地使用科研经费，确保每一笔资金都用在刀刃上，能提高科研资源的利用效率，避免资源浪费。

对于文化事业单位来说，其主要职责是传播文化、丰富群众精神生活。文化活动的举办场次是衡量其文化服务覆盖面和活跃度的重要指标。举办更多的文化活动，如文艺演出、展览展示、文化讲座等，可以让更多的群众参与其中，享受文化带来的乐趣。观众参与人数则直接反映了文化活动的吸引力和影响力。大量的观众参与说明文化活动得到了群众的认可和喜爱，达到了文化传播的目的。文化作品的创作数量体现了文化事业单位的创新能力和文化底蕴。丰富多样的文化作品，如文学作品、艺术作品等，能够满足不同群众的文化需求，推动文化事业的繁荣发展。 在实际操作中，设置关键绩效指标需要遵循一定的原则。指标必须是具体的，明确指出要衡量的内容，避免模糊不清。指标应是可衡量的，能够通过具体的数据或事实进行量化评估。再者，指标要具有可实现性，既要有一定的挑战性，激励员工努力工作，又不能过于困难，让员工感到无法达成。指标应与单位的战略目标相关联，确保员工的工作方向与单位的整体发展方向一致。指标要有明确的时间限制，便于在规定的时间内进行评估和考核。

通过科学合理地设置关键绩效指标，事业单位的管理能够更加聚焦于关键领域和关键环节。这使得管理者能够清晰地了解单位的工作进展和绩效水平，及时发现问题并采取相应的措施进行改进。对于员工来说，关键绩效指标明确了他们的工作目标和重点，激励他们朝着目标努力工作，提高工作效率和质量。关键绩效指标法还有助于促进部门之间的协作和沟通，因为各个部门的关键绩效指标都是为了实现单位的整体战略目标，在工作过程中需要相互配合和支持。 关键绩效指标法为事业单位的绩效管理提供了一种有效的手段。通过精准选取和设置关键绩效指标，事业单位能够提高管理的针对性和有效性，实现战略目标，提升整体绩效，更好地履行其社会职责，为社会的发展和进步做出更大的贡献。

（三）平衡计分卡（BSC）

平衡计分卡作为一种先进且全面的绩效管理方法，为事业单位提供了一个多维度、系统性的绩效衡量框架。它突破了传统绩效管理仅关注财务指标的局限，从财务、客户、内部流程、学习与成长四个关键维度出发，全面审视组织的绩效，助力事业单位实现可持续的全面发展。

1. 财务维度

财务维度，对于事业单位而言，财务状况和经济效益是其正常运转和发展的基础保障。预算执行情况是衡量财务绩效的重要指标之一。事业单位的预算是对未来一定时期内资金收支的规划，严格按照预算执行，确保资金的合理使用，能够保证各项业务活动的顺利开展。如果预算执行过程中出现超支或预算执行进度缓慢的情况，可能会影响到单位的正常运营，甚至导致资金链断裂。资金使用效率直接关系到单位资源的利用效果。通过合理配置资金，提高资金的周转速度和使用效益，能够使有限的资金发挥更大的作用。成本控制也是财务维度的关键。在保证业务质量的前提下，降低运营成本，减少不必要的开支，有助于提高单位的经济效益，增强其在资源有限情况下的生存和发展能力。

2. 客户维度

客户维度强调了事业单位服务对象的重要性。服务对象的满意度和忠诚度是衡量单位绩效的重要标准。在医疗卫生领域，患者满意度是评价医院服务质量的关键指标。患者在就医过程中的体验，包括医疗技术水平、服务态度、就医环境等方面，都会影响到他们的满意度。较高患者满意度不仅能够提高医院的声誉，吸引更多患者就诊，还能促进医患关系的和谐。在教育领域，学生满意度反映了学校教育教学质量和管理水平。学生对课程设置、教师教学方法、校园文化等方面的满意程度，直接关系到他们的学习积极性和学习效果。公众满意度对于一些面向社会提供公共服务的事业单位尤为重要，如文化馆、博物馆等。公众对这些单位所提供的文化服务的满意度，体现了单位的社会价值和影响力。

3. 内部流程维度

内部流程维度聚焦于单位内部业务流程的优化和效率提升。项目管理流程的优化可以确保项目按时、按质、按量完成。在科研项目管理中，合理的项目规划、有效的资源分配以及严格的进度控制，能够提高科研项目的成功率，推动科研成果的产出。服务提供流程的改进可以提高服务的质量和效率。在政务服务单位，简化办事流程、提高办事效率，能够为群众提供更加便捷的服务，增强政府的公信力。财务管理流程的完善有助于保证单位财务活动的规范和透明，提高资金的安全性和使用效益。

4. 学习与成长维度

学习与成长维度关注员工的学习和发展，这是事业单位持续发展的动力源泉。员工培训计划的完成情况反映了单位对员工能力提升的重视程度。通过提供系统的培训，员工能够不断学习新知识、新技能，适应不断变化的工作环境和业务需求。员工技能的提升不仅有助于提高工作效率和质量，还能增强员工的职业竞争力。团队建设也是学习与成长维度的重要内容。一个具有凝聚力和协作精神的团队，能够更好地发挥员工的优势，提高团队的整体绩效。通过组织团队活动、建立良好的沟通机制等方式，可以促进团队成员之间的交流与合作，营造积极向上的工作氛围。

平衡计分卡的四个维度相互关联、相互影响。财务绩效的提升往往依赖于客户满意度的提高和内部流程的优化；而员工的学习与成长则是推动内部流程改进和客户满意度提升的基础。通过平衡计分卡，事业单位能够在关注财务绩效的同时，兼顾客户需求、内部流程优化和员工的学习与成长，实现单位的全面、协调发展。这有助于事业单位更好地履行其社会使命，提高自身的管理水平和综合竞争力，在不断变化的外部环境中保持可持续发展的态势。

（四）360度绩效评估法

360度绩效评估法作为一种极具创新性和全面性的绩效评估方式，正逐渐在事业单位中崭露头角并发挥着重要作用。它打破了传统绩效评估仅依赖单一主体的局限性，通过汇聚多个角度的评估信息，为员工的绩效评定提供了更为丰富、立体和准确的视角。360度绩效评估法涵盖了上级评估、同事评估、下级评估、自我评估和客户评估等多个维度。每个维度都有着独特的价值和意义，能够从不同方面反映员工的工作表现。

1. 上级评估

上级评估在整个评估体系中占据着关键地位。上级领导通常对员工的工作目标、任务要求以及组织的整体战略有着清晰的认识。他们能够基于员工的工作成果、工作质量、工作效率等方面，对员工的领导能力、决策能力、任务执行能力等进行全面评估。对于事业单位的项目负责人，上级可以根据项目的完成情况、资源利用效率以及团队的整体绩效等方面，对其领导和管理能力进行评价。上级的评估意见往往具有较高的权威性，能够为员工指明工作中的优势和需要改进的方向，同时也在一定程度上影响着员工的职业发展和晋升机会。

2. 同事评估

同事评估为了解员工在团队协作中的表现提供了重要途径。在日常工作中，同事之间相互协作、相互配合，对彼此的工作态度、团队合作精神、沟通能力等方面有着更为直接的感受。通过同事评估，能够发现员工在团队中的角色定位是否准确，是否能够积极主动地与他人合作，共同解决工作中遇到的问题。在一个科研项目团队中，同事可以评估成员在实验过程中的协作能力、数据共享的积极性以及对团队目标的贡献程度等。同事评估有助于营造良好的团队氛围，促进员工之间的相互学习和共同进步。

3. 下级评估

下级评估对于管理人员的绩效评估具有独特的价值。下级员工作为直接接受管理和指导的对象，对管理人员的管理风格、领导方式、沟通效果以及对员工的支持和关注程度有着深刻的体会。通过下级评估，能够了解管理人员是否能够有效地激励员工、合理分配工作任务、提供及时的指导和反馈等。对于一些基层单位的领导，下级可以评估其是否关心员工的职业发展，是否能够倾听员工的意见和建议等。下级评估可以促使管理人员不断反思和改进自己的管理方式，提高管理水平。

4. 自我评估

自我评估是员工对自己工作的一种反思和总结。员工通过对自己的工作目标达成情况、工作过程中的表现以及个人能力的发展等方面进行自我审视，能够更加深入地了解自己的优势和不足。自我评估可以激发员工的自我发展意识，促使他们主动寻求改进和提升的机会。在撰写自我评估报告时，员工可以回顾自己在过去一段时间内的工作成果，分析自己在工作中遇到的困难和挑战，以及采取的应对措施和取得的经验教训。自我评估为员工与上级、同事之间的沟通提供了一个良好的契机，有助于促进双方对员工绩效的理解和共识。

5. 客户评估

客户评估则直接反映了员工的服务质量和客户满意度。对于事业单位来说，其服务对象的满意度是衡量工作成效的重要指标之一。无论是教育事业单位的学生和家长、医疗卫生事业单位的患者，还是公共服务事业单位的广大公众，他们对员工服务的评价都具有重要的参考价值。客户评估可以从服务态度、专业能力、问题解决能力等方面对员工进行评价。在医院中，患者可以对医护人员的诊断准确性、治疗效果、服务态度等方面进行评价；在学校中，学生和家长可以对教师的教学水平、责任心等方面进行反馈。客户评估能够促使员工更加关注服务对象的需求，不断提高服务质量，提升单位的社会形象和声誉。

360度绩效评估法通过整合多个评估主体的意见和建议，能够全面、客观地反映员工的工作表现，避免了单一评估主体可能带来的片面性和主观性。它为员工提供了更加全面的反馈，帮助员工清晰地认识到自己在不同方面的优势和不足，从而有针对性地制订个人发展计划，促进个人能力的提升和职业发展。对于事业单位来说，360度绩效评估法有助于发现组织中的人才优势和潜在问题，为人才培养、团队建设和管理决策提供有力的支持，推动单位整体绩效的提升和可持续发展。

第二节　预算管理与绩效管理的结合点

一、目标设定环节的结合

（一）战略目标的一致性

事业单位的预算管理和绩效管理都应紧密围绕单位的战略目标展开。战略目标是单位发展的方向和愿景，预算管理通过资源的分配和规划来支持战略目标的实现，而绩效管理则通过设定具体的绩效目标和指标来引导员工的行为，确保战略目标的落实。例如，对于一家致力于提升公共卫生服务水平的事业单位，其战略目标可能是提高疾病预防控制能力、改善医疗服务质量等。在预算管理中，会根据这些战略目标安排相应的资金用于设备购置、人员培训、项目开展等方面。同时，在绩效管理中，会设定如疫苗接种率、疾病诊断准确率、患者满意度等绩效目标，这些目标与战略目标一致，并且与预算投入的方向相匹配，从而使预算管理和绩效管理在战略层面形成有机结合。

（二）绩效目标与预算目标的融合

在目标设定过程中，将绩效目标与预算目标进行融合是关键。绩效目标应该明确、可衡量，并且与预算资金的使用紧密相关。例如，在教育事业单位中，设定提高学生升学率这一绩效目标，那么在预算安排上就需要考虑为教学设施的改善、教师培训等方面提供资金支持。同时，预算目标也应体现绩效的要求，比如规定在一定的预算额度内要达到相应的绩效产出。通过这种融合，使得预算的编制和执行有了更明确的绩效导向，而绩效目标的实现也有了预算资源的保障。具体来说，可以在预算编制前，先确定绩效目标和指标，然后根据这些目标和指标来测算所需的预算资金，确保预算资金的分配能够满足绩效目标的实现。

二、预算编制与绩效计划制订的结合

（一）基于绩效的预算分配

在预算编制过程中，以绩效为导向进行预算分配。根据不同项目或业务的绩效目标和预期成果，合理确定预算额度。对于预期绩效高、对单位战略目标贡献大的项目，给予更多的预算支持；对于绩效不明显或不符合单位发展方向的项目，减少预算安排甚至不予支持。例如，在科研事业单位中，对于具有重大科研价值、预期能取得重要科研成果的项目，会在设备采购、科研人员薪酬等方面给予充足的预算；而对于一些重复研究或成果前景不明确的项目，则会严格控制预算。这种基于绩效的预算分配方式，能够提高预算资金的使用效率，使有限的资源得到合理配置。

（二）绩效指标融入预算编制

将绩效指标作为预算编制的重要依据和组成部分。在编制预算时，明确每个预算项目所对应的绩效指标，以及这些指标的具体目标值。例如，在编制办公经费预算时，设定办公用品的消耗率、办公设备的利用率等绩效指标，并根据这些指标来确定合理的预算金额。这样，在预算执行过程中，可以通过对绩效指标的监控来评估预算的执行效果，及时发现问题并进行解决。同时，绩效指标的设定也为预算的审核和评估提供了明确的标准，增强了预算编制的科学性和合理性。

第三节　构建预算绩效管理体系的策略

一、完善制度建设，奠定管理基础

（一）建立健全预算绩效管理制度框架

事业单位应依据国家相关法律法规和政策要求，结合自身实际情况，构建一套全面、系统的预算绩效管理制度。该制度框架需涵盖预算绩效目标管理、预算编制与绩效指标衔接、预算执行监控与绩效跟踪、预算绩效评价以及评价结果应用等各个环节。例如，明确规定绩效目标的设定原则、方法和审核流程，确保绩效目标与单位战略目标、业务活动紧密相关且可衡量、可实现。在预算编制环节，详细说明如何将绩效指标融入预算项目，使预算资金分配与预期绩效产出相匹配。通过建立完善的制度框架，为预算绩效管理提供明确的指导和规范。

（二）细化操作流程与规范

在制度框架的基础上，进一步细化预算绩效管理的操作流程和规范。制定具体的绩效目标申报表格和填写说明，使各部门和人员能够准确理解和填写绩效目标。规范预算绩效评价的指标体系、评价方法和评分标准，确保评价过程的客观性和公正性。例如，对于不同类型的预算项目，如基本支出、项目支出等，分别制定针对性的绩效评价指标和权重分配方案。同时，明确绩效评价报告的内容和格式要求，使评价结果能够清晰、准确地反映预算资金的使用效益和绩效情况。通过细化操作流程和规范，提高预算绩效管理的可操作性和科学性。

（三）强化制度执行与监督

制度的生命力在于执行，为确保预算绩效管理制度得到有效执行，需建立健全监督机制。成立专门的预算绩效管理监督小组，定期对各部门的预算绩效管理工作进行检查和评估。检查内容包括绩效目标的设定是否合理、预算编制是否符合绩效要求、预算执行是否按照绩效目标进行、绩效评价是否客观公正等。对于发现的问题，及时督促相关部门进行整改，并将整改情况纳入绩效考核。同时，加强对预算绩效管理制度执行情况的考核，对执行不力的部门和个人进行问责，对执行效果良好的部门和个人给予奖励，形成有效的激励约束机制，推动制度的有效执行。

二、提升人员素质，增强管理能力

（一）开展专业培训，提高业务水平

针对预算绩效管理工作的专业性和复杂性，加强对相关人员的专业培训。培训内容应涵盖预算管理、绩效管理、财务管理、数据分析等多个方面。例如，组织开展预算绩效目标设定培训，使相关人员掌握绩效目标的设定方法和技巧；举办绩效评价方法培训，介绍常见的绩效评价方法，如成本效益分析、比较分析法等，提高人员的绩效评价能力。同时，定期邀请专家学者或行业内的专业人士进行讲座和交流，分享最新的预算绩效管理理念和实践经验。通过专业培训，提高人员的业务水平和综合素质，为预算绩效管理工作提供有力的人才支持。

（二）鼓励学习创新，培养复合型人才

预算绩效管理工作需要既懂预算管理又懂绩效管理，同时具备一定信息技术和数据分析能力的复合型人才。为了培养这样的复合型人才，事业单位应积极营造鼓励学习和创新的良好氛围，为员工提供必要的学习资源和支持。设立学习奖励制度是一种有效的激励措施。对在预算绩效管理领域取得优秀学习成果的员工，如通过自学或参加培训课程，掌握了新的预算管理方法或绩效管理工具，并将其应用到实际工作中，提高了工作效率和质量的，给予物质奖励和精神表彰。对于在工作中勇于创新，提出了具有建设性的预算绩效管理改进方案或创新成果，如开发了新的绩效评价模型或优化了预算编制流程，为单位带来显著效益的员工，也应给予相应的奖励。

支持员工参加相关的职业资格考试或培训课程是提升员工专业技能和知识水平的重要途径。事业单位可以为员工报销考试费用和培训费用，鼓励员工参加注册会计师、注册税务师、绩效管理师等与预算绩效管理相关的职业资格考试。还可以组织员工参加各类专业培训课程，如预算编制技巧培训、绩效评价方法培训、数据分析软件应用培训等，帮助员工系统地学习相关知识和技能，拓宽他们的专业视野。

通过岗位轮换、项目实践等方式，让员工在不同的工作岗位上锻炼和成长，是培养员工综合能力的有效方法。岗位轮换可以使员工接触到预算绩效管理工作的不同环节，了解各个岗位的职责和工作流程，增强他们对整个预算绩效管理体系的理解和把握。一名员工可以先在预算编制岗位上工作，学习预算编制的方法和技巧，了解预算资金的分配原则；然后轮换到绩效评价岗位，掌握绩效评价的指标体系和评价方法，学会对预算项目的绩效进行评估；最后再到数据分析岗位，运用信息技术手段对预算和绩效数据进行分析和挖掘。这样的岗位轮换经历能够使员工具备多方面的能力，成为复合型人才。

项目实践也是培养员工综合能力的重要途径。事业单位可以组织员工参与一些重要的预算绩效管理项目，如预算绩效目标的制定、预算绩效评价报告的撰写、预算管理信息化系统的建设等。在项目实践中，员工需要综合运

用自己的知识和技能，与团队成员密切合作，共同解决项目中遇到的问题。通过项目实践，员工不仅能够提高自己的专业能力，还能培养团队协作精神、沟通能力和问题解决能力。

（三）建立人才激励机制，激发工作积极性

建立健全人才激励机制，充分激发员工在预算绩效管理工作中的积极性和创造性，是提升事业单位预算绩效管理水平的关键举措。将预算绩效管理工作的业绩纳入员工绩效考核体系，并与员工的薪酬、晋升、奖励等紧密挂钩，能够从多个维度激励员工积极投入到相关工作中。

1. 物质奖励与精神表彰相结合

（1）物质奖励的多样化设置

在事业单位的预算绩效管理工作中，员工的积极投入和卓越表现是推动工作顺利开展、实现单位资源优化配置和提升管理效能的关键因素。为了充分激励员工在预算绩效管理领域发挥更大的潜力，给予表现突出、取得显著成效的员工丰富多样的物质奖励显得尤为重要。这种多样化的奖励设置不仅能有效激发员工的工作积极性和创造力，还能增强员工的归属感和忠诚度。

除了常见的奖金形式，绩效津贴的设置为持续激励员工提供了有力的支持。绩效津贴与员工在预算绩效管理工作中的具体贡献和业绩表现紧密挂钩，按照月或季度进行发放。这种定期的奖励方式能够让员工及时感受到自己的工作成果得到认可，从而保持良好的工作状态和高度的工作热情。在预算绩效管理工作中，员工可能会承担不同的任务和职责，有的专注于预算编制的精准性，有的致力于绩效目标的设定与优化，还有的负责预算执行的监控和绩效评价的实施。对于那些成功优化预算编制流程的员工来说，他们的努力使得单位的预算资金分配更加合理，避免了资源的浪费，为单位节省了大量成本。此时，给予他们额外的绩效津贴作为奖励，不仅是对其工作成果的肯定，更是对其专业能力和创新精神的认可。这会激励他们在今后的工作中继续探索和改进，为单位创造更多的价值。

福利奖励作为物质奖励的重要组成部分，具有独特的激励效果。带薪休假是一种备受员工欢迎的福利奖励。在紧张忙碌的预算绩效管理工作中，员工们往往承受着较大的工作压力。给予优秀员工一定天数的带薪休假，能够

让他们有时间放松身心，调整状态，以更好的精神面貌投入到后续的工作中。这也体现了单位对员工身心健康的关怀，有助于提高员工的工作满意度和忠诚度。

培训深造的机会对于员工来说同样具有吸引力。预算绩效管理工作涉及众多专业知识和技能，如预算管理、绩效管理、数据分析等。提供培训深造的机会，能够让员工不断学习和更新知识，提升自己的专业能力。对于那些渴望提升自己的员工来说，这是一种非常有价值的奖励。通过参加专业培训课程或学术研讨会，员工可以接触到行业内的最新理念和方法，拓宽自己的视野，为预算绩效管理工作带来新的思路和方法。这不仅有利于员工个人的职业发展，也有助于提升单位的整体预算绩效管理水平。

健康体检也是一种体现单位关怀的福利奖励。预算绩效管理工作的复杂性和高强度可能会对员工的身体健康造成一定的影响。为优秀员工提供健康体检，能够让他们及时了解自己的身体状况，预防疾病的发生。这不仅是对员工身体健康的关注，也是对员工工作的支持和鼓励。员工感受到单位的关怀后，会更加珍惜工作机会，努力为单位做出更大的贡献。

多样化的物质奖励设置在预算绩效管理工作中具有不可忽视的作用。通过合理设置绩效津贴、提供丰富的福利奖励等方式，事业单位能够充分激发员工的工作积极性和创造力，提高员工的工作满意度和忠诚度，打造一支高素质、高效率的预算绩效管理团队，为单位的发展和公共服务的提升提供有力保障。在实施物质奖励的过程中，单位还应注意奖励的公平性和合理性，确保奖励能够真正激励到那些为预算绩效管理工作做出突出贡献的员工。

（2）精神表彰的重要性与方式

在事业单位的预算绩效管理工作中，物质奖励固然重要，但精神表彰同样占据着不可或缺的地位。它如同温暖的阳光，能够照亮员工的内心世界，满足员工深层次的心理需求，进而增强员工的荣誉感和归属感，激发员工持续为预算绩效管理工作贡献力量。

定期组织预算绩效管理工作的表彰大会，为员工搭建了一个展示自我、获得认可的重要平台。在庄重而热烈的氛围中，全体员工齐聚一堂，共同见证优秀员工的荣耀时刻。此时，对表现优秀的员工进行公开表扬，并颁发荣誉证书或奖牌，这种仪式感能够极大地提升员工的自我价值感。荣誉证书和奖牌不仅仅是一种物质象征，更是对员工辛勤付出和卓越成绩的高度认可。设立"预算绩效管理之星"这样的荣誉称号，更是为员工树立了明确的奋斗目标。在预算绩效管理的各个环节，无论是在严谨细致的预算绩效目标设定中，精准把握目标的合理性与可行性；或是在一丝不苟地执行监控过程中，密切关注预算执行的进度与偏差；抑或在客观公正的评价环节，运用科学的方法对预算绩效进行评估，那些表现出色的员工都有机会获得这一荣誉。当他们走上领奖台，接受全体同事的掌声和祝贺时，内心的成就感和自豪感会油然而生，这种积极的情感体验将进一步激励他们在今后的工作中保持优秀的表现。

单位内部的宣传栏和官方网站等平台，是传播优秀员工先进事迹和工作成果的重要阵地。通过精心设计的宣传栏展示，优秀员工的照片、工作业绩以及他们在预算绩效管理工作中的心得体会得以呈现。路过的同事在驻足观看时，不仅能直观地了解到优秀员工的付出和成就，还能从中汲取灵感和动力。而在官方网站上，更可以以图文并茂、详细深入的方式对优秀员工进行报道。这些先进事迹和工作成果的展示，不仅是对优秀员工个人的肯定，更是为其他员工树立了学习的榜样。其他员工在看到这些榜样的力量后，会自觉地对照自身工作，寻找差距，努力提升自己的业务水平和工作能力，形成一种积极向上、你追我赶的良好工作氛围。

上级领导的肯定和赞扬作为一种直接而有力的精神激励方式，对员工的工作动力有着不可小觑的影响。在日常工作中，领导通过邮件的形式，用温暖而真挚的语言表达对员工工作的认可和鼓励，这种及时的反馈能够让员工感受到自己的工作被重视。当员工收到领导肯定的邮件时，他们会觉得自己的努力没有白费，从而更加坚定地投入到工作中。而面对面的交流，则更具感染力。领导与员工坐在一起，真诚地赞扬员工在预算绩效管理工作中的亮点和进步，倾听员工的想法和建议，这种平等而亲切的沟通方式，不仅能增强员工的自信心，还能让员工感受到领导的关怀和支持，进一步拉近领导与员工之间的距离，使员工更愿意为实现单位的预算绩效管理目标而努力拼搏。

精神表彰在预算绩效管理工作中具有不可替代的作用。通过组织表彰大会、展示先进事迹以及领导的肯定赞扬等多种方式，能够充分满足员工的心理需求，激发员工的工作热情和创造力。事业单位应高度重视精神表彰，将其与物质奖励有机结合，形成全方位、多层次的激励机制，为预算绩效管理工作的顺利开展和单位的持续发展注入强大的动力。

2. 惩罚措施的合理运用

（1）明确惩罚的标准和范围

在事业单位的预算绩效管理体系中，建立健全合理且明确的惩罚机制是确保预算绩效目标得以实现、维护管理秩序的重要保障。对于那些工作不力、未能达成预算绩效目标的员工实施相应惩罚，不仅是对工作失职行为的纠正，更是向全体员工传递出对预算绩效管理工作严肃性和规范性的重视，从而起到强有力的警示作用。明确惩罚的标准和范围是构建有效惩罚机制的基础。在预算执行环节，这一机制尤为关键。预算执行是将预算计划转化为实际行动的过程，直接关系到预算资金的使用效益和绩效目标的达成。若员工在这一过程中出现严重违规行为，比如未经审批擅自调整预算资金用途，将本应用于特定项目的资金挪作他用，导致该项目因资金短缺无法顺利推进，进而影响整体预算绩效目标的实现；或者在采购过程中，违反相关规定，高价采购低质量的物资或服务，造成预算资金的浪费等情况。针对这些行为，应依据情节的轻重程度来确定具体的惩罚措施。对于情节相对较轻，尚未对预算绩效目标造成重大影响的违规行为，可以给予扣减一定比例绩效工资的惩罚，让员工在经济上受到一定的损失，从而认识到自己行为的不当之处。而对于情节严重，已经严重破坏预算执行的正常秩序，导致绩效目标无法实现的违规行为，则应采取更为严厉的措施，如取消当年评优资格，使其在职业荣誉方面受到影响，以此督促员工严格遵守预算执行的相关规定。

在预算绩效评价过程中，同样需要严格规范员工的行为。预算绩效评价是对预算资金使用效果和绩效目标实现程度的全面评估，其结果的真实性和客观性对于后续的预算调整和资源配置具有重要的指导意义。如果员工在这一环节中存在工作敷衍的情况，比如随意填写绩效数据，不进行深入的分析和总结，导致绩效评价结果无法准确反映实际情况；或者更严重的是，进行数据造假，篡改关键数据以达到虚假的绩效目标，这些行为都严重违背了预算绩效评价的原则和要求。对于此类行为，必须严肃处理，给予相应的纪律处分。例如，警告、记过等，对于情节特别严重的，甚至可以给予降级、撤职等更为严厉的处罚。通过这种严肃的处理方式，向员工表明单位对预算绩效评价工作的高度重视，以及对任何形式的违规行为零容忍的态度。

明确惩罚标准的另一个重要意义在于，它为员工提供了清晰的行为准则。当员工清楚地知道哪些行为是不被允许的，以及这些行为可能带来的严重后果时，他们会更加自觉地规范自己的工作行为。员工在进行预算编制时，会更加严谨细致，充分考虑各种因素，确保预算的合理性和可行性；在预算执行过程中，会严格按照规定的流程和要求进行操作，避免出现违规行为；在预算绩效评价时，会认真对待每一个数据和每一项评价指标，保证评价结果的真实可靠。这种规范的工作行为不仅有助于提高预算绩效管理的效率和质量，还能促进单位整体管理水平的提升。

（2）惩罚与教育相结合

在实施惩罚的同时，不能忽视对员工的教育和引导。对于受到惩罚的员工，要帮助他们分析工作中存在的问题和不足，提供针对性的培训和指导，帮助他们提升工作能力和绩效水平。例如，若员工因为对预算绩效指标的理解不准确而未能完成目标，单位可以组织相关的培训课程，帮助员工深入理解指标内涵和要求，同时给予员工一定的时间和资源，让他们在后续的工作中进行改进。通过惩罚与教育相结合的方式，使员工能够认识到自己的错误，并积极改正，避免类似问题的再次发生。

3. 提供职业发展空间与晋升机会

（1）提供明确的职业发展路径

为员工提供清晰的职业发展路径，让他们看到在预算绩效管理领域的上升空间。根据预算绩效管理工作的特点和需求，设置不同的岗位层级和职责，员工可以通过不断提升自己的能力和业绩，逐步晋升到更高的岗位。例如，从预算绩效专员开始，通过积累经验和提升技能，可以晋升为预算绩效主管、预算绩效经理等职位。在晋升过程中，明确规定每个岗位的任职资格和晋升条件，如工作年限、专业技能、绩效表现等，让员工清楚知道自己需要努力的方向。

（2）鼓励员工参与项目和培训

鼓励员工积极参与预算绩效管理相关的项目和培训，提升自己的综合素质和能力。单位可以为员工提供参与重要预算绩效项目的机会，让他们在实践中锻炼自己的项目管理、沟通协调、数据分析等能力。同时，支持员工参加外部的专业培训课程和学术研讨会，拓宽员工的视野，了解行业的最新动态和先进经验。例如，员工参加了关于预算绩效评价新方法的培训课程后，将所学知识应用到工作中，提高了单位的预算绩效评价水平，单位可以根据其表现给予相应的奖励和晋升机会。通过提供这些发展机会，激发员工的学习热情和工作积极性，为单位培养更多优秀的预算绩效管理人才。

第八章

事业单位预算管理的创新机制

第一节　预算管理创新的理论基础

一、公共管理理论

（一）新公共管理理论

新公共管理理论强调将企业管理的理念、方法和技术引入公共部门，以提高公共服务的效率和质量。在事业单位预算管理中，这一理论的应用具有重要意义。从资源配置角度看，新公共管理理论倡导以结果为导向，如同企业追求利润最大化一样，事业单位应追求公共服务产出的最大化。这就要求在预算编制过程中，更加注重预算资金与预期绩效目标的紧密联系。例如，对于教育事业单位，不再仅仅关注教育经费的投入规模，而是更关注这些经费是否能真正提升教育质量，如学生的学业成绩提高、综合素质发展等。通过引入成本效益分析等企业管理方法，评估各项预算支出的效益，优化资源配置，避免资源的浪费。在预算执行阶段，借鉴企业的绩效管理模式，建立严格的绩效评估体系，对预算资金的使用效果进行实时监控和考核，及时发现并纠正偏差，确保预算目标的实现。

（二）治理理论

治理理论强调多元主体的参与和合作，认为公共事务的管理不应仅仅依赖政府单一主体，而是需要政府、社会、市场等多元主体共同参与。在事业单位预算管理中，治理理论为创新提供了新的思路。一方面，事业单位在预算决策过程中应广泛征求利益相关者的意见，包括服务对象、员工、社会公众等。例如，在制定医疗卫生事业单位的预算时，充分听取患者的需求和意见，了解他们对医疗服务的期望，从而使预算资金的分配更能满足公众的医疗需求。另一方面，加强与其他部门和机构的合作，实现资源共享和协同管理。例如，教育事业单位可以与企业合作，获得企业的资金支持和技术资源，同时为企业提供人才培养等服务，实现互利共赢。通过多元主体的参与和合作，提高预算管理的科学性和民主性，增强预算管理的透明度和公信力。

二、经济学理论

（一）公共经济学理论

公共经济学作为一门重要的学科，深入探讨了政府在资源配置中所扮演的角色，以及公共产品和服务的供给机制等关键问题。在事业单位预算管理的范畴内，公共经济学理论犹如一座坚实的基石，为预算资金的来源、分配以及使用等各个环节都提供了坚实且富有指导意义的理论支撑。

事业单位在社会中承担着提供公共产品和服务的重要使命，其运营和发展所依赖的预算资金，主要来源于财政拨款这一公共资金渠道。财政拨款作为公共资金的重要组成部分，本质上是社会资源的一种再分配形式，体现了政府对公共事业的支持和保障。公共经济学理论认为，预算资金的分配必须遵循公平和效率这两大基本原则，这不仅关系到社会资源的合理利用，更关乎社会的公平正义和公共利益的实现。

公平原则在预算资金分配中占据着核心地位。它要求在进行预算资金分配时，充分考量不同地区、不同群体之间存在的需求差异，致力于实现公共服务的均等化。以教育领域为例，长期以来，城乡之间、区域之间的教育发展水平存在着显著差距。一些发达地区的学校拥有先进的教学设施、优质的师资队伍和丰富的教育资源，而贫困地区和薄弱学校则面临着教学条件简陋、师资匮乏等诸多困境。为了缩小这种差距，在教育预算分配过程中，就需要加大对贫困地区和薄弱学校的投入。可以增加对这些地区学校的基础设施建设资金，改善教学环境；可以提高教师待遇，吸引优秀教师前往任教；还可以设立专项教育基金，用于支持贫困地区学生的学习和发展。通过这些措施，确保每个学生都能享受到公平而优质的教育资源，促进教育公平的实现。

效率原则同样是预算资金分配中不可忽视的重要原则。它强调通过科学合理的方式优化预算资金的配置，以提高资金的使用效率。在这一过程中，对公共产品和服务进行成本收益分析是关键环节。通过成本收益分析，可以准确评估不同公共项目和服务的成本和收益情况，从而确定合理的预算规模和结构。在医疗卫生领域，政府需要对各类医疗卫生项目进行成本收益分析。对于一些预防保健项目，虽然短期内可能不会产生明显的经济效益，但从长远来看，通过预防疾病的发生，可以减少医疗费用的支出，提高居民的健康水平，具有较高的社会效益。因此，在预算安排上，应适当增加对预防保健项目的资金投入。而对于一些大型医疗设备的购置项目，则需要综合考虑设备的使用频率、成本回收情况等因素，避免盲目投入导致资源浪费。

在预算资金的使用过程中，公共经济学理论也提供了重要的指导。事业单位需要建立健全预算资金的使用监管机制，确保资金的使用符合预算安排和公共利益的要求。通过加强对预算资金使用的绩效评估，及时发现和解决资金使用过程中存在的问题，提高资金的使用效益。可以建立绩效评价指标体系，对公共项目的实施效果进行量化评估，根据评估结果调整预算资金的分配和使用方向。公共经济学理论在事业单位预算管理中具有至关重要的作用。它为预算资金的来源、分配和使用提供了科学的理论依据，有助于实现预算资金的合理配置，促进公共服务的公平和效率。在实际工作中，事业单位应深入理解和运用公共经济学理论，不断完善预算管理机制，提高预算管理水平，更好地履行提供公共产品和服务的职责，为社会的发展和进步做出更大的贡献。

（二）绩效预算理论

绩效预算理论强调预算与绩效的紧密结合，以绩效目标为导向进行预算编制、执行和评价。在事业单位预算管理中，绩效预算理论是创新的核心理论基础之一。它要求在预算编制前，明确设定具体、可衡量、可实现、相关联且有时限的绩效目标，然后根据这些目标来确定预算资金的需求。例如，对于科研事业单位，在编制科研项目预算时，要明确科研项目的预期成果，如发表的学术论文数量、获得的专利数量等，并根据这些成果目标来测算所需的科研经费。在预算执行过程中，对绩效目标的实现情况进行实时跟踪和监控，及时调整预算执行策略。在预算评价阶段，以绩效目标的完成情况作为评价预算资金使用效果的主要依据，对预算绩效进行全面、客观的评价。通过绩效预算，提高预算资金的使用效益，增强事业单位的责任意识和绩效意识。

三、管理学理论

（一）战略管理理论

在当今竞争日益激烈且环境不断变化的时代背景下，战略管理理论已成为各类组织实现可持续发展的关键理论支撑。对于事业单位而言，该理论在预算管理领域的应用具有极其重要的意义，为预算管理的创新提供了宏观且有力的指导方向。

战略管理理论的核心要点在于强调组织需制定清晰、明确且具有前瞻性的战略目标。这些战略目标是组织发展的指引灯塔，决定了组织未来的发展方向和重点。而围绕战略目标进行的资源配置和管理，则是实现战略目标的具体手段和保障。在事业单位预算管理中，将战略管理理论融入其中，能够使预算管理摆脱传统的单纯资金分配模式，使其上升到战略层面，成为推动单位实现战略目标的重要工具。以文化事业单位为例，其肩负着传承和弘扬优秀文化、丰富社会精神文化生活的重要使命。若该文化事业单位将弘扬传统文化确定为自身的战略目标，那么这一目标将贯穿于单位的各项工作之中，预算管理也不例外。在预算编制环节，就需要对资源进行有针对性地分配。对于文化遗产保护项目，要充分考虑文物修复、保护设施建设、专业人才培养等方面的资金需求，确保这些珍贵的文化遗产能够得到妥善地保护和传承。传统文化艺术创作也是弘扬传统文化的重要途径，因此在预算中应安排足够的资金用于支持艺术家的创作活动，包括创作经费、展览费用等，以鼓励更多优秀的传统文化艺术作品诞生。

将预算管理与战略管理相结合，不仅仅是简单地将预算资金投向与战略目标相关的项目，更重要的是要确保预算资金的分配和使用能够与战略目标的实施进度相匹配。在文化事业单位推进传统文化保护和传承项目的过程中，预算资金应根据项目的阶段性目标和实际需求进行合理安排。在项目初期，可能需要大量的资金用于前期的调研、规划和基础建设；而在项目的实施阶段，则要保证资金能够持续支持项目的正常运转，如支付人员工资、购买必要的设备和材料等。通过这种紧密的结合，能够确保预算资金发挥最大的效益，有力地支持单位战略目标的实现。

这种结合还能提高单位的战略执行力和竞争力。当预算管理与战略管理紧密相连时，单位内部的各个部门和员工都能清晰地认识到自己的工作与单位战略目标之间的关系。他们会更加明确自己在实现战略目标过程中的责任和任务，从而提高工作的积极性和主动性。预算资金的合理配置也能够为单位提供必要的资源支持，使单位在市场竞争中具备更强的实力。文化事业单位通过合理的预算安排，打造出具有影响力的传统文化活动品牌，吸引更多的社会资源和关注，从而提升单位在文化领域的竞争力。

战略管理理论为事业单位预算管理创新提供了宏观指导，通过将预算管理与战略管理相结合，事业单位能够更好地实现战略目标，提高战略执行力和竞争力。在未来的发展中，事业单位应不断深化对战略管理理论的理解和应用，根据自身的战略定位和发展需求，持续优化预算管理体系，以适应不断变化的外部环境，为社会提供更优质的公共服务和文化产品。

（二）全面质量管理理论

全面质量管理理论强调全过程管理、全员参与和持续改进。在事业单位预算管理中，全面质量管理理论可以应用于预算管理的各个环节。全过程管理要求从预算编制、执行到评价的整个过程都要进行严格的质量控制。例如，在预算编制环节，要进行充分的调研和论证，确保预算的科学性和合理性；在预算执行环节，要加强对预算资金使用的监督和管理，及时发现并解决问题；在预算评价环节，要对预算管理的效果进行全面、客观的评价，总结经验教训。全员参与要求单位全体员工都要参与到预算管理中来，明确各自的职责和任务，共同为实现预算目标努力。持续改进要求根据预算管理中发现的问题和不足，不断优化预算管理流程和方法，提高预算管理的质量和水平。通过应用全面质量管理理论，实现预算管理的精细化和规范化，提高预算管理的效率和效果。

第二节　预算管理创新的实践探索

一、预算编制创新实践

（一）弹性预算编制法的应用拓展

在当今事业单位的管理运营中，预算编制的科学性和合理性对于资源的有效配置以及各项业务的顺利开展至关重要。弹性预算编制法作为一种能够灵活适应业务量变化的预算编制方式，正逐渐在事业单位中展现出其独特的优势，并得到了更为广泛且深入的应用。

以某体育事业单位为例，该单位肩负着举办各类体育赛事和开展体育培训等多项重要任务。在实际工作中，其面临的一个显著挑战便是赛事规模和参与人数的不确定性。传统的固定预算编制方法往往是基于一个预先设定的业务量水平来制定预算，这种方式在面对体育赛事这种业务量波动较大的情况时，常常显得力不从心，难以满足实际需求。例如，在制定赛事预算时，如果仅仅按照一个固定的参赛人数来规划场地租赁、器材采购和人员薪酬等费用，当实际参赛人数与预期相差较大时，就可能出现预算资金不足导致赛事无法顺利举办，或者预算资金闲置浪费的情况。

为了应对这一挑战，该体育事业单位引入了弹性预算编制法。通过对过往赛事数据的详细分析和对市场的精准预测，该单位设定了不同业务量水平下的预算方案。具体而言，根据参赛人数的不同区间进行了细致划分，如小型赛事（500人以下）、中型赛事（500~1500人）、大型赛事（1500人以上）。针对每个业务量区间，分别制订了相应的预算计划，涵盖了场地租赁、器材采购、人员薪酬等各个方面。在场地租赁方面，对于小型赛事，可能只需租赁一个较小规模的场地，预算相对较低；而对于大型赛事，则需要租赁大型的体育场馆，预算相应增加。器材采购也是如此，小型赛事可能只需准备基本的体育器材，而大型赛事则需要采购更多、更专业的器材设备。人员薪酬方面，不同规模的赛事所需的工作人员数量和类型也有所不同，因此在预算中也进行了相应的调整。

在实际执行过程中，该单位能够根据赛事的具体报名情况，灵活调整预算。如果实际报名人数属于中型赛事区间，就按照中型赛事的预算方案进行资金安排和资源调配。这样一来，既避免了因预算过于宽松而导致的资金浪费，又确保了赛事在各种情况下都能获得足够的资金支持，得以顺利举办。该体育事业单位还进一步将弹性预算与成本性态分析相结合，这是其预算编制方法的又一创新举措。成本性态分析是指将成本按照其与业务量之间的关系，划分为变动成本和固定成本。通过细致的成本性态分析，该单位对各项成本进行了准确的分类。对于变动成本，如赛事中的器材消耗、临时工作人员的薪酬等，随着业务量的变化而变化；而对于固定成本，如场馆的日常维护费用、部分管理人员的薪酬等，则在一定范围内保持相对稳定。通过将弹性预算与成本性态分析相结合，该单位能够更加精确地预测不同业务量水平下的成本支出，进一步提高了预算编制的准确性和灵活性。在制定预算时，对于变动成本部分，根据不同业务量水平下的预计消耗情况进行合理估算；对于固定成本部分，则在考虑业务量变化对其影响的基础上，进行科学的安排。

弹性预算编制法在该体育事业单位的应用，不仅有效解决了业务量不确定性带来的预算管理难题，还通过与成本性态分析的结合，提升了预算编制的质量。这种应用拓展为其他事业单位在预算管理方面提供了有益的借鉴，有助于推动事业单位预算管理水平的整体提升，使其能够更加科学、合理地配置资源，更好地履行自身的社会职能。

（二）参与式预算的深化实践

参与式预算作为一种创新的预算编制模式，正逐渐在事业单位中崭露头角并得到深入发展。它打破了传统预算编制中自上而下的单一决策模式，鼓励单位内部各层级员工以及外部利益相关者积极参与预算编制过程，充分彰显了民主决策的先进理念，为事业单位预算管理注入了新的活力。

一些教育事业单位在参与式预算的实践方面表现尤为突出，不断探索和深化这一模式，以提升预算编制的科学性和合理性。以某高校为例，在编制教学设备采购预算这一关键环节，该高校积极践行参与式预算理念，广泛邀请各方代表参与其中，形成了多元主体共同参与的良好局面。

教师作为教学一线的直接实施者，对教学设备的需求有着最为直接和深刻的体会。在参与预算编制讨论时，他们从教学需求的专业角度出发，详细提出设备的功能和规格要求。在计算机科学专业的教学中，教师可能会根据课程内容和实践教学的需要，要求采购具备高性能处理器、大容量内存和专业显卡的计算机设备，以满足学生进行编程实践、软件开发等学习任务的需求。他们还会考虑设备的兼容性和扩展性，确保设备能够适应未来教学内容的更新和发展。

学生作为教学活动的直接受益者，他们的意见和期望同样不容忽视。通过参与预算编制讨论，学生能够根据自身的学习体验表达对设备的实际需求。在多媒体教学日益普及的今天，学生可能会希望学校采购具有高清显示效果、便捷操作界面的投影仪和电子白板，以提升课堂教学的互动性和趣味性。学生还可能关注设备的便携性和易用性，以便在课余时间能够方便地使用设备进行自主学习和研究。

校外教育专家凭借其丰富的专业知识和对教育领域的深入了解，为预算编制提供了宝贵的市场趋势和技术建议。他们可以分析当前教育技术的发展动态，介绍最新的教学设备技术和应用案例，帮助学校把握教学设备的发展方向。专家可能会建议学校采购智能化的教学设备，如智能教室系统、虚拟仿真实验设备等，以提升教学质量和学生的学习效果。专家还可以对市场上不同品牌和型号的设备进行比较和评估，为学校选择性价比最高的设备提供参考。

设备供应商作为教学设备的提供者，他们能够介绍最新的产品信息和价格情况。在参与预算编制讨论时，供应商可以展示其最新推出的教学设备产品，介绍产品的性能特点、技术优势和售后服务等方面的情况。他们还可以根据学校的预算规模和需求，提供不同的产品配置方案和价格报价，帮助学校在有限的预算内选择最合适的设备。

通过这种广泛的参与，该高校制定出的采购预算更贴合教学实际需求，有效避免了采购的设备与教学需求脱节的问题，大大提高了设备的使用效率。以往学校可能会采购一些功能过剩或不符合教学实际需求的设备，导致设备闲置浪费，而参与式预算模式的实施使得采购的设备能够真正满足教学的需要，为教学活动的顺利开展提供了有力的支持。

该高校还建立了参与式预算的反馈机制，这是深化参与式预算实践的重要举措。通过这一机制，学校对参与者的意见和建议进行及时回复和处理。对于教师提出的设备功能和规格要求，学校会组织相关部门进行研究和评估，并及时向教师反馈评估结果和处理意见。如果教师的建议被采纳，学校会在预算编制和设备采购过程中予以落实；如果由于某些原因无法采纳，学校也会向教师解释原因，争取得到教师的理解和支持。对于学生、校外专家和设备供应商的意见和建议，学校同样会进行认真对待和处理，并及时反馈处理结果。

参与式预算的反馈机制不仅增强了参与者的积极性和认同感，还提高了预算编制的透明度和公信力。参与者感受到自己的意见得到了重视和尊重，会更加愿意参与到学校的预算编制和管理工作中。这种机制也有助于学校不断改进预算编制和管理工作，提高预算资金的使用效益，推动学校教育事业的持续发展。

二、预算评价创新实践

（一）基于大数据分析的预算评价创新

大数据分析技术的兴起，为事业单位预算评价工作带来了革命性的新思路与方法。借助这一前沿技术，事业单位能够实现对预算相关数据的深度挖掘与全面分析，从而显著提升预算评价的科学性与准确性。以某文化事业单位为例，该单位积极引入大数据分析技术，对历年文化活动的预算数据、参与人数、社会影响力等多维度数据进行了系统收集与整合。通过运用先进的大数据分析算法，成功构建了文化活动预算绩效评价模型。这一模型具备强大的综合评估能力，能够对不同类型文化活动的预算资金使用效益进行精准量化分析，有效揭示预算执行过程中的潜在问题，并指明优化方向。在实际应用中，该模型发挥了重要作用。通过分析发现，部分文化活动尽管预算投入庞大，但参与人数和社会影响力却不尽如人意。这一发现为单位调整预算分配和活动策划提供了有力依据，促使单位更加注重预算资金的使用效益，优化资源配置。同时，该单位还将大数据分析结果与预算评价报告紧密结合，使评价报告更加直观、准确地反映预算绩效情况，为决策层提供了更加清晰、有力的决策支持。

（二）预算评价结果的多维度应用拓展

在预算评价工作中，事业单位不再局限于传统的反馈和整改环节，而是积极探索评价结果的多维度应用，以全面提升单位的管理水平和运行效率。

某公益事业单位在这方面进行了有益尝试，将预算评价结果与单位的战略规划、项目管理、人员考核等关键环节紧密结合。在战略规划方面，该单位根据预算评价结果，对发展方向和重点项目进行了科学调整，确保资源向效益更高的领域倾斜，推动该单位实现可持续发展。在项目管理方面，对预算绩效不佳的项目进行了重点监控和整改，必要时果断暂停或终止项目，以避免资源浪费和效益低下。在人员考核方面，将预算评价结果纳入员工绩效考核体系，作为员工晋升、奖励的重要依据，有效激发了员工的工作积极性和创造力。

三、预算管理模式创新实践

（一）预算管理的协同化模式创新

为有效打破部门间的信息壁垒，显著提升预算管理的协同效能，部分事业单位积极探索并实践了预算管理的协同化新模式。以某综合性事业单位为例，该单位通过深度整合财务、业务、人力资源等多部门的资源与力量，成功搭建起一个高效协同的预算管理平台。

在预算编制阶段，该平台充分发挥信息共享优势，促使各部门共同参与预算制定过程，确保预算方案与业务计划实现无缝对接。各部门可依托平台实时交流业务动态与资金需求，从而制订出更加贴合实际、科学合理的预算计划。

进入预算执行阶段，协同预算管理平台则承担起实时监控与协调的重任。它能够全面跟踪各部门的预算执行情况，及时发现并协调解决部门间可能出现的矛盾与问题。例如，当业务部门在执行预算过程中遭遇资金短缺困境时，财务部门可迅速通过平台掌握相关情况，并结合单位的整体资金状况进行灵活调配，确保业务活动的顺利推进。同时，人力资源部门也可根据预算执行的实际进展，合理调整人员工作任务分配，进一步提升人员的工作效率与整体效能。

通过实施这种协同化的预算管理模式，该单位不仅实现了资源的优化配置与高效利用，还显著提升了各部门间的工作协同效率，为单位的稳健发展奠定了坚实基础。

（二）预算管理的智能化转型探索

随着人工智能、机器学习等前沿技术的迅猛发展，事业单位正积极投身于预算管理的智能化转型浪潮之中。某事业单位率先引入了一套先进的智能预算管理系统，该系统集成了智能预测、智能决策等强大功能，为预算管理带来了革命性的变革。

在预算编制环节，智能预算管理系统能够充分利用历史数据与市场趋势信息，智能预测各项预算指标，为预算编制提供精准可靠的参考依据。通过深度挖掘数据背后的规律与趋势，系统能够生成更加科学、合理的预算方案，有效降低预算编制的盲目性与不确定性。

在预算执行过程中，该系统则能够实时分析海量数据，自动做出智能决策。例如，当系统监测到某项业务的成本费用超出预算预警线时，会立即启动自动分析程序，深入剖析超支原因，并针对性地提出调整建议，助力管理者迅速做出科学决策。同时，智能预算管理系统还具备与其他管理系统无缝集成的能力，实现数据的自动流转与共享，从而进一步提升预算管理的智能化水平与工作效率。

第三节 预算管理创新的案例分析

一、某高校的预算管理创新实践

（一）创新背景

在高等教育竞争日益激烈的当下，某高校面临着诸多挑战。一方面，学校的学科建设需要大量资金投入以提升竞争力，如引进高端人才、购置先进科研设备等；另一方面，学生规模的不断扩大使得教学资源紧张，对教学设施的改善和教学质量的提升都提出了更高要求。然而，原有的预算管理模式存在着预算分配不合理、执行效率低下等问题，难以满足学校快速发展的需求。例如，以往的预算分配往往基于历史数据和简单的增量调整，导致一些新兴学科和重点发展领域资金不足，而部分传统项目却存在资金闲置的情况。同时，预算执行过程缺乏有效的监控和调整机制，经常出现预算超支或执行进度滞后的现象。为了应对这些挑战，该高校决定进行预算管理创新，以优化资源配置，提高资金使用效益，推动学校各项事业的可持续发展。

（二）创新举措

1. 战略导向的预算编制

该高校将预算编制与学校的战略规划紧密结合。首先，制定了明确的中长期战略规划，确定了重点发展的学科领域、人才培养目标和科研方向等。然后，根据战略规划，建立了基于项目的预算编制体系。对于每个项目，都详细分析其与战略目标的相关性、预期产出和资金需求。例如，在学科建设方面，针对重点发展的学科，学校设立了专门的学科建设项目，从人才引进、科研平台建设、学术交流等多个方面进行预算安排。同时，引入了绩效预算的理念，在预算编制阶段就明确各项目的绩效目标和指标，如科研项目的论文发表数量、专利申请数量，教学项目的学生就业率、学科竞赛获奖数量等，使预算资金的分配更加科学合理，确保资源向关键领域和重点项目倾斜。

2. 信息化驱动的预算执行监控

为了加强预算执行的监控，该高校投入大量资金建设了预算管理信息化平台。该平台实现了预算编制、执行、核算和分析的一体化管理。在预算执行过程中，系统实时采集各部门的收支数据，并与预算指标进行比对。一旦发现预算执行偏差，系统就会自动发出预警信号，并将相关信息推送给预算执行部门和财务部门。例如，当某个学院的差旅费支出接近预算限额时，系统会及时提醒学院负责人控制费用支出。同时，财务部门可以通过平台实时掌握全校的预算执行进度，对执行缓慢的项目进行督促和协调。此外，平台还提供了数据分析功能，能够对预算执行数据进行深入挖掘，为预算调整和决策提供有力支持。

3. 全方位的预算绩效评价

该高校还建立了全方位的预算绩效评价体系，涵盖了预算编制、执行和结果等多个环节。在预算编制环节，评价预算目标的合理性和可行性；在预算执行环节，评价预算执行的合规性和效率；在预算结果环节，评价预算项目的绩效目标完成情况和效益。评价方法采用定量与定性相结合的方式，除了传统的财务指标外，还引入了大量的非财务指标，如教学质量提升、科研创新能力增强、社会服务贡献等。例如，对于教学项目，不仅评价教学经费的使用效率，还评价学生的学习效果、教师的教学满意度等。同时，将预算绩效评价结果与预算分配、部门考核和个人绩效挂钩。对于绩效优秀的部门和个人，给予奖励和表彰；对于绩效不佳的部门和个人，进行问责和整改，并减少下一年度的预算额度。

（三）创新成效

经过几年的实践，该高校的预算管理创新取得了显著成效。首先，预算资金的分配更加科学合理，重点学科和关键领域得到了有力支持，学科竞争力不断提升。例如，学校的某些优势学科在科研成果产出和人才培养方面取得了重大突破，吸引了更多的优秀学生和高端人才。其次，预算执行效率大幅提高，预算超支和执行进度滞后的现象明显减少。通过信息化平台的实时监控和预警，各部门能够及时调整预算执行策略，确保预算目标的实现。最后，全方位的预算绩效评价体系激发了各部门和教师的积极性和创造性，促进了教学、科研和社会服务质量的全面提升。学校的整体实力和社会影响力得到了进一步增强，为实现学校的战略目标奠定了坚实的基础。

二、某公立医院的预算管理创新之路

（一）创新背景

随着医疗卫生体制改革的不断深入，某公立医院面临着医保控费、医疗市场竞争加剧和患者需求多样化等多重压力。医保支付方式的改革要求医院更加注重成本控制和医疗服务质量的提升；而激烈的医疗市场竞争则促使医院不断优化资源配置，提高运营效率。此外，患者对医疗服务的质量和安全性要求越来越高，医院需要投入更多的资源来满足患者的需求。然而，原有的预算管理模式存在着预算与业务脱节、成本核算不准确等问题，无法适应新的形势要求。例如，医院在采购医疗设备时，往往缺乏科学的预算规划，导致设备闲置或重复购置，造成资源浪费。同时，成本核算的不精确使得医院无法准确掌握医疗服务的成本，难以制定合理的收费标准和医保支付策略。为了应对这些挑战，该公立医院决定进行预算管理创新，以提高医院的运营管理水平和竞争力。

（二）创新举措

1. 业财融合的预算管理模式

该医院积极推行业财融合的预算管理模式，打破财务部门与业务部门之间的壁垒。财务部门深入参与业务流程，从医疗项目的立项、实施到结束，全程提供财务支持和决策建议。例如，在开展新的医疗技术项目前，财务部门与临床科室共同进行成本效益分析，评估项目的可行性和预期收益。同时，业务部门也积极参与预算编制和执行过程，提供业务数据和专业意见。例如，临床科室根据实际业务需求，提供药品和耗材的使用计划，协助财务部门制定合理的采购预算。通过业财融合，使预算更加贴近业务实际，提高了预算的准确性和可行性。

2. 精细化的成本核算与控制

该医院建立了精细化的成本核算体系，将成本核算细化到科室、项目和病种。通过先进的成本核算软件，实时采集医疗服务过程中的各项成本数据，包括人员成本、药品成本、耗材成本等。同时，分析成本的构成和变动原因，找出成本控制的关键点。例如，通过对药品成本的分析，发现某些药品的使用存在浪费现象，医院及时调整了药品采购和使用策略，降低了药品成本。此外，医院还制定了严格的成本控制措施，如建立成本定额管理制度、实行成本绩效考核等，对成本进行有效的控制和管理。

3. 预算管理的智能化升级

借助人工智能和大数据技术，对预算管理进行智能化升级。医院建立了预算管理智能决策系统，该系统能够根据历史数据和实时业务信息，对预算进行智能预测和分析。例如，系统可以根据过去几年的医疗收入和支出数据，预测未来的收入和支出趋势，为预算编制提供参考。同时，系统还能够对预算执行情况进行实时监控和预警，及时发现潜在的风险和问题。例如，当某个科室的医疗成本增长过快时，系统会自动分析原因，并提出相应的解决方案。通过智能化升级，提高了预算管理的效率和科学性，为医院的决策提供了更加准确和及时的支持。

（三）创新成效

通过预算管理创新，该医院取得了显著的成效。首先，业财融合的预算管理模式使医院的资源配置更加合理，提高了医疗服务的效率和质量。例如，新的医疗技术项目得到了及时的资金支持，促进了医院医疗技术水平的提升。其次，精细化的成本核算与控制有效地降低了医疗成本，提高了医院的经济效益。医院的药品和耗材成本明显下降，医保支付压力得到缓解。最后，预算管理的智能化升级使医院的决策更加科学和精准，能够及时应对市场变化和患者需求的调整。医院的运营管理水平得到了大幅提升，在激烈的医疗市场竞争中占据了更有利的地位，为医院的可持续发展奠定了坚实的基础。

三、某文化事业单位的预算管理创新探索

（一）创新背景

某文化事业单位主要负责文化遗产保护、文化活动策划和文化艺术创作等工作。随着社会对文化事业的关注度不断提高，该单位承担的项目和活动日益增多，对资金的需求也越来越大。然而，原有的预算管理模式存在着预算编制缺乏灵活性、预算执行监督不到位等问题。例如，在文化遗产保护项目中，由于对文物保护的复杂性和不确定性估计不足，导致预算编制不够准确，经常出现预算追加的情况。同时，在文化活动策划和组织过程中，缺乏有效的预算执行监督机制，导致活动成本超支，资金使用效益低下。此外，随着文化市场的不断发展，该单位面临着来自社会资本和其他文化机构的竞争，需要提高自身的运营管理水平和资金使用效率，以更好地履行文化服务职能。为了应对这些挑战，该单位决定进行预算管理创新。

（二）创新举措

1. 弹性预算与滚动预算相结合

为了提高预算编制的灵活性，该文化事业单位采用了弹性预算与滚动预算相结合的方法。在预算编制时，根据不同的业务场景和市场变化，制定多个预算方案。例如，在文化活动策划中，根据活动的规模和预期效果，制定了乐观、中性和悲观三种预算方案。同时，实行滚动预算，将预算期分为若干个滚动期间，每经过一个滚动期间，根据实际执行情况和新的业务需求，对预算进行调整和修订。例如，每季度对预算进行一次滚动调整，确保预算始终与实际业务情况相适应。通过将弹性预算与滚动预算相结合，提高了预算编制的准确性和适应性，能够更好地应对市场变化和业务不确定性。

2. 全过程的预算执行监督

该文化事业单位建立了全过程的预算执行监督机制，加强对预算执行的事前、事中和事后监督。在预算执行前，对预算项目的可行性和预算安排的合理性进行审核；在预算执行过程中，定期对预算执行情况进行检查和分析，及时发现和解决问题。例如，通过定期的财务审计和项目评估，对文化遗产

保护项目的资金使用情况进行监督，确保资金专款专用。在预算执行后，对预算项目的绩效进行评价，总结经验教训，为下一年度的预算编制提供参考。同时，建立了预算执行问责制度，对预算执行不力的部门和个人进行问责，提高了预算执行的严肃性和有效性。

3. 多元化的预算资金筹集与管理

为了拓宽预算资金来源渠道，该文化事业单位积极探索多元化的预算资金筹集方式。除了财政拨款外，还通过社会捐赠、文化产业开发、合作项目等方式筹集资金。例如，通过举办文化艺术展览和演出活动，吸引社会捐赠；开发文化创意产品，实现文化产业创收。同时，加强对多元化资金的管理，建立了专门的资金管理账户，对不同来源的资金进行分类核算和管理。例如，对于社会捐赠资金，严格按照捐赠人的意愿和相关规定进行使用和管理，确保资金的安全和有效使用。通过多元化的预算资金筹集与管理，提高了该单位的资金保障能力，为文化事业的发展提供了更充足的资金支持。

（三）创新成效

经过一段时间的实践，该文化事业单位的预算管理创新取得了良好的成效。首先，弹性预算与滚动预算相结合的方法使预算编制更加灵活，能够更好地适应业务变化和市场需求。文化活动的预算安排更加合理，活动成本得到有效控制。其次，全过程的预算执行监督机制确保了预算资金的安全和有效使用，提高了资金使用效益。文化遗产保护项目得到了更好的资金保障，文化遗产得到了更有效的保护和传承。最后，多元化的预算资金筹集与管理拓宽了资金来源渠道，增强了单位的资金保障能力。单位能够开展更多的文化活动和项目，丰富了社会文化生活，提升了单位的社会影响力和文化服务水平。

第九章

事业单位预算管理的国际经验与借鉴

第一节 国际先进预算管理经验概述

在全球范围内，许多国家在预算管理方面积累了丰富且先进的经验，这些经验对于事业单位提升预算管理水平具有重要的借鉴意义。不同国家基于自身的政治、经济和社会背景，形成了各具特色的预算管理模式和方法，以下是对一些国际先进预算管理经验的概述。

一、以绩效为导向的预算管理模式

（一）美国的绩效预算实践

美国是较早推行绩效预算的国家之一。其预算管理强调将预算资金与政府的战略目标和绩效成果紧密结合。在联邦政府层面，各部门在编制预算时，需要明确阐述预算项目的绩效目标、衡量指标以及预期成果。例如，在教育领域，教育部会设定诸如提高学生学业成绩、降低辍学率等具体绩效目标，并围绕这些目标编制预算。预算执行过程中，政府会通过一系列的绩效评估机制对各部门的预算绩效进行监控和评价。这些评估结果不仅用于衡量部门的工作成效，还直接影响到后续的预算分配。如果某个部门未能达到预期的绩效目标，其下一年度的预算可能会被削减；反之，绩效表现优异的部门则可能获得更多的预算支持。通过这种方式，促使各部门更加注重预算资金的使用效益，提高公共服务的质量和效率。

（二）澳大利亚的产出预算模式

澳大利亚的预算管理以产出预算为核心，强调预算资金的使用要能够产生明确的产出和成果。政府在编制预算时，将重点放在确定各部门的产出目标上，这些产出目标必须是可衡量、可实现的。例如，在医疗卫生部门，产出目标可能包括提供的医疗服务数量、治愈的患者人数等。预算资金的分配根据产出目标的设定和实现情况进行调整。同时,澳大利亚还建立了完善的绩效报告制度,各部门需要定期向议会和公众报告预算执行情况和绩效成果,接受社会监督。这种产出预算模式使得预算资金的使用更加透明和可问责,提高了政府资源配置的效率和效果。

二、全面预算管理体系的构建

(一)英国的综合预算管理

英国建立了全面而综合的预算管理体系,涵盖了政府的各个部门和各项活动。预算编制过程中,充分考虑了财政收入、支出、债务等多个方面的因素,确保预算的完整性和准确性。同时,英国注重预算与战略规划的衔接,政府的长期战略目标会在预算中得到具体体现。例如,在基础设施建设方面,政府会根据国家的长期发展规划,制定相应的预算安排,确保基础设施建设项目的顺利实施。此外,英国还加强了对预算执行的监控和管理,通过建立严格的预算执行报告制度和审计制度,及时发现和解决预算执行过程中存在的问题,保证预算目标的实现。

(二)加拿大的部门预算管理

加拿大实行部门预算管理模式,各部门在预算编制和执行过程中具有较大的自主权,但同时也承担着相应的责任。部门预算涵盖了部门的所有收支项目,包括人员工资、办公费用、项目支出等。在预算编制时,各部门需要根据自身的业务需求和战略目标,合理安排预算资金,并详细说明资金的使用方向和预期效果。预算执行过程中,部门需要对预算的执行情况进行实时监控,并定期向议会报告。此外,加拿大还建立了绩效评价机制,对部门预算的绩效进行评估,评估结果将作为下一年度预算分配的重要依据。这种部门预算管理模式提高了部门的预算管理责任意识和资源配置效率。

三、预算管理的信息化与透明度提升

（一）瑞典的预算信息公开制度

瑞典以其高度透明的预算管理而闻名。政府将预算信息全面、及时地向社会公开，公众可以通过政府网站等渠道获取详细的预算数据和报告。预算信息公开的内容不仅包括预算收支的总体情况，还涵盖了各个部门的具体预算安排、项目支出明细等。这种高度的透明度使得公众能够充分了解政府资金的使用情况，加强了对政府预算管理的监督。同时，瑞典还建立了完善的预算信息反馈机制，公众可以对预算编制和执行过程中存在的问题提出意见和建议，政府会根据公众的反馈对预算进行调整和改进。

（二）韩国的预算管理信息化建设

韩国在预算管理信息化方面取得了显著成效。政府建立了先进的预算管理信息系统，实现了预算编制、执行、监控和评价的全过程信息化管理。该系统能够实时采集和处理预算相关数据，为政府决策提供准确、及时的信息支持。例如，在预算编制阶段，系统可以根据历史数据和业务需求，自动生成预算草案，提高了预算编制的效率和准确性。在预算执行过程中，系统能够实时监控预算资金的使用情况，及时发现和预警预算执行偏差。此外，韩国还利用信息化手段加强了部门之间的信息共享和协同工作，提高了预算管理的整体效能。

四、参与预算决策

（一）巴西的参与式预算实践

巴西的参与式预算是其预算管理的一大特色。在预算编制过程中，广泛邀请公民参与，听取他们的意见和建议。公民可以通过社区会议、公众咨询等方式，表达对公共服务和项目的需求和期望。例如，在城市基础设施建设预算编制时，居民可以提出对道路、桥梁、公园等设施的建设需求，政府会根据公民的意见对预算进行调整和优化。这种参与式预算模式增强了公民对政府预算管理的参与感和认同感，提高了预算决策的科学性和合理性，同时也促进了社会的公平和民主。

（二）荷兰的协商式预算机制

荷兰建立了协商式预算机制，政府在预算决策过程中与各利益相关方进行充分的协商和沟通。这些利益相关方包括企业、工会、社会组织等。通过协商，政府能够更好地了解社会各界对预算的需求和意见，使预算决策更加符合社会的整体利益。例如，在制订税收政策和公共支出计划时，政府会与企业和工会进行协商，平衡各方的利益诉求。这种协商式预算机制有助于提高预算决策的透明度和公信力，减少预算执行过程中的阻力。

第二节　国际经验对我国事业单位的启示

一、强化绩效导向，提升预算资金使用效益

（一）明确绩效目标设定

借鉴美国、澳大利亚等国家以绩效为导向的预算管理模式，我国事业单位应更加明确地设定预算绩效目标。在编制预算前，深入分析单位的战略规划和业务重点，制定出具体、可衡量、可实现、相关联且有时限（SMART）的绩效目标。例如，对于科研类事业单位，在申请科研项目预算时，不能仅仅模糊地设定"开展科研工作"这样的目标，而是要明确如"在本预算周期内发表 X 篇 SCI 论文，研发出 Y 项具有自主知识产权的技术成果"等具体目标。同时，将这些绩效目标与预算资金紧密挂钩，确保每一笔预算支出都有明确的绩效指向，从源头上提高预算资金的使用效益。

（二）完善绩效评价与应用

建立健全科学合理的绩效评价指标体系，除了传统的财务指标外，增加

社会效益、环境效益、服务对象满意度等非财务指标。例如，对于教育事业单位，可设置学生综合素质提升程度、家长满意度等指标；对于医疗卫生事业单位，可设置患者治愈率、医疗服务投诉率等指标。在绩效评价方法上，采用定量与定性相结合的方式，确保评价结果客观公正。更为关键的是，要强化绩效评价结果的应用，将其与预算分配、单位考核、人员奖惩等紧密结合。对绩效评价结果优秀的事业单位或项目，在下一年度预算安排上给予倾斜，对相关人员进行奖励和表彰；对绩效不佳的单位或项目，减少预算额度，要求其分析原因并进行整改，从而激励事业单位提高预算绩效。

二、构建全面预算管理体系，增强预算管理效能

（一）拓展预算管理范围

参考英国的综合预算管理经验，可将预算管理覆盖到单位的所有收支项目和业务活动。不仅要关注财政拨款的使用，还要对事业收入、经营收入等其他资金来源进行全面管理。同时，将资本性支出（如设备购置、基础设施建设等）和费用性支出（如人员工资、办公费用等）都纳入预算编制和监控范围，确保预算的完整性。例如，文化事业单位在编制预算时，除了考虑日常运营费用外，还要对文化设施的修缮、文化作品的创作等资本性支出进行合理规划，避免出现资金管理的盲区。

（二）加强预算与战略规划的衔接

借鉴加拿大部门预算管理中预算与战略紧密结合的做法，可在制定战略规划的基础上编制预算，使预算成为实现战略目标的具体行动计划。在预算编制过程中，根据战略规划确定的重点领域和关键任务，合理分配预算资金。例如，对于以推动科技创新为战略目标的事业单位，在预算安排上要优先保障科研项目的投入、科研人才的培养等方面，确保预算与战略目标的一致性，提高资源配置的有效性。

第三节 国际经验本土化的策略与方法

一、深入研究国情与单位特性，精准适配国际经验

（一）剖析国情差异

我国与其他国家在政治体制、经济发展水平、社会文化背景等方面存在显著差异。在借鉴国际先进预算管理经验时，需深入分析这些差异带来的影响。从政治体制看，我国实行的是社会主义制度，政府在资源配置中发挥着重要作用，事业单位作为政府履行公共服务职能的重要载体，其预算管理需紧密围绕国家战略和公共政策目标。而西方国家多为资本主义制度，市场在资源配置中起决定性作用，预算管理更侧重于市场机制的运用。在经济发展水平上，我国地域辽阔，不同地区经济发展不平衡，事业单位的资金来源和业务需求也存在较大差异。例如，东部发达地区的事业单位可能有更多的社会捐赠和经营收入，而西部欠发达地区则更依赖财政拨款。因此，在引入国际经验时，要充分考虑这些经济差异，确保预算管理模式的适应性。在社会文化方面，我国有着独特的文化传统和价值观念，注重集体主义和社会责任。这就要求事业单位预算管理在借鉴国际经验时，要融入符合我国文化特色的元素，如在绩效评价中，不仅要关注经济指标，还要重视社会效益和文化传承等方面的考量。

（二）了解单位特性

不同类型的事业单位具有各自独特的业务性质、资金来源和管理目标。教育事业单位以培养人才为主要目标，其预算管理需重点关注教学资源的配置、师资队伍建设等方面；医疗卫生事业单位则以提供医疗服务为核心，预算管理要侧重于医疗设备购置、药品采购和医护人员薪酬等。即使是同一类型的事业单位，由于所处地区、规模大小等因素的不同，也存在差异。例如，

大型综合性医院与基层社区卫生服务中心在预算管理的重点和难点上就有所不同。因此，在借鉴国际经验时，要对事业单位自身的特性进行深入了解，分析其优势和不足，有针对性地选择适合的国际经验进行本土化改造。

二、渐进式推进改革，逐步实现经验融合

（一）试点先行

选择部分具有代表性的事业单位进行国际经验本土化的试点工作。试点单位的选择应综合考虑地区差异、单位类型和规模等因素。例如，可以选择东部、中部和西部若干不同类型的事业单位，如高校、医院、文化场馆等作为试点。在试点过程中，根据国际经验制定相应的预算管理改革方案，并结合试点单位的实际情况进行调整和完善。比如，在引入以绩效为导向的预算管理模式时，试点单位可以先在部分项目或部门进行尝试，观察绩效目标的设定、评价和应用效果，及时发现问题并加以解决。通过试点，积累经验，为全面推广改革奠定基础。

（二）分步实施

将国际经验本土化的改革过程分为多个阶段，逐步推进。在每个阶段设定明确的目标和任务，确保改革的有序进行。例如，在预算管理信息化建设方面，第一阶段可以先完善预算编制和执行的信息化系统，实现数据的实时采集和监控；第二阶段再引入数据分析和绩效评价功能，提高预算管理的科学性和效率；第三阶段则进一步加强系统的安全性和稳定性，实现与其他业务系统的深度融合。在推进过程中，要根据实际情况及时调整改革的节奏和重点，避免因改革过于激进或缓慢而影响改革效果。

三、加强制度建设与政策支持，保障改革顺利进行

（一）完善制度体系

结合国际经验和我国事业单位的实际情况，建立健全预算管理制度体系。

在预算编制环节，制定科学合理的编制流程和方法，明确绩效目标与预算资金的关联机制；在预算执行环节，建立严格的预算执行监控和调整制度，确保预算的刚性约束；在预算评价环节，完善绩效评价指标体系和评价方法，强化评价结果的应用。例如，制定《事业单位预算绩效目标管理办法》《事业单位预算执行监控实施细则》《事业单位预算绩效评价结果应用暂行规定》等相关制度，使预算管理的各个环节都有章可循。

（二）提供政策支持

政府部门应出台相关政策，为事业单位预算管理国际经验本土化提供支持。在资金方面，加大对事业单位预算管理信息化建设、绩效评价体系构建等改革工作的资金投入；在人才培养方面，制定优惠政策，吸引和培养既懂预算管理又熟悉国际先进经验的专业人才；在政策引导方面，鼓励事业单位积极探索创新，对在预算管理改革中取得显著成效的单位给予表彰和奖励。例如，设立预算管理改革专项资金，对试点单位和改革成效突出的单位给予资金扶持；制订人才培养计划，与高校和科研机构合作，培养预算管理专业人才。

第十章

事业单位预算管理优化与突破的未来展望

第一节 预算管理面临的挑战与机遇

一、预算管理面临的挑战

（一）财政政策调整与改革压力

随着国家财政政策的不断调整和改革，事业单位需要及时适应新的政策要求。例如，预算绩效管理改革的深入推进，要求事业单位更加注重预算资金的使用效益，建立健全绩效评价体系，并将绩效评价结果与预算分配紧密挂钩。这对于一些长期以来预算管理相对粗放的事业单位来说，是一个巨大的挑战。同时，政府会计制度改革也对事业单位的预算管理提出了更高的要求，需要单位对财务核算和预算编制进行相应的调整和规范。另外，财政资金的统筹整合、零基预算的全面推行等政策举措，都需要事业单位重新审视和优化自身的预算管理流程和方法，以适应新的政策环境。

（二）业务发展与预算匹配难题

在时代不断进步和社会需求日益多元化的大背景下，事业单位的业务范畴呈现持续拓展与深刻变化的态势。新的业务领域如雨后春笋般不断涌现，各类创新项目层出不穷，这无疑为事业单位的发展注入了新的活力与机遇。然而，与此同时，也给事业单位的预算管理工作带来了前所未有的挑战，使得预算管理与业务发展之间的协调匹配变得愈发艰难。

业务的迅猛发展往往使得预算编制的速度难以跟上业务推进的步伐，进而导致预算编制滞后于业务需求。以科研事业单位为例，随着科技的飞速发展和社会对科技创新的需求不断增加，科研事业单位常常需要开展一系列新的科研项目，探索前沿的科技领域。这些新的科研项目可能具有创新性强、周期短、资金需求大等特点。然而，传统的预算编制流程通常较为烦琐，需要经过多轮的论证、审批和调整，耗时较长。当新的科研项目启动时，由于预算编制得不及时，项目可能无法及时获得足够的资金支持，导致科研设备采购延迟、科研人员薪酬发放困难等问题，严重影响了项目的正常开展和科研进度，甚至可能使一些具有潜力的科研项目被迫搁置或终止。对于一些开展社会服务项目的事业单位来说，也面临着类似的问题。随着社会对公共服务需求的不断变化和增加，事业单位需要及时推出新的社会服务项目，以满足社会公众的需求。在社区服务领域，为了应对人口老龄化的趋势，一些事业单位可能要计划开展老年护理、康复服务等新的项目。然而，如果预算编制不能及时跟上，这些项目可能会因为资金短缺而无法顺利实施，无法为老年人提供必要的服务，从而影响了事业单位的社会形象和服务质量。

业务的复杂性不断增加，也给预算的准确编制和有效执行带来了巨大的挑战。对于综合性的事业单位，其业务涵盖多个不同领域，如教育、医疗、文化等。每个领域的业务都有其独特的资金需求和使用特点。在教育领域，资金主要用于师资队伍建设、教学设施改善、学生奖学金等方面；在医疗领域，资金则主要用于医疗设备购置、医护人员培训、药品采购等；在文化领域，资金可能更多地用于文化活动组织、文化遗产保护、文化创意产业发展等。由于不同业务领域的资金需求和使用方式差异较大，如何在有限的预算范围内，合理分配资金，确保各项业务的协调发展，成为了预算管理工作中的一大难题。如果资金分配不合理，会导致某些业务领域资金过剩，造成资源浪费，而另一些业务领域则资金不足，无法满足业务发展的需求。在一些同时具备教育和医疗业务的事业单位中，如果将过多的资金投入教育领域，而忽视了医疗业务的发展，会导致医疗设施陈旧、医护人员短缺等问题，影响医疗服务的质量和水平；反之，如果过于侧重医疗业务，又可能会影响教育业务的正常开展，导致教育资源不足，教学质量下降。业务的复杂性还体现在业务之间的相互关联和影响上。一些业务的开展可能需要多个部门的协同合作，涉及不同领域的资源整合和资金调配。在一些文化教育事业单位中，开展文化艺术培训项目可能需要教育部门提供教学场地和师资，文化部门提供艺术指导和文化资源，同时还需要财务部门合理安排资金。如何协调各部门之间的工作，确保资金的有效使用，也是预算管理面临的挑战之一。事业单位业务发展与预算匹配问题是当前预算管理工作中亟待解决的重要问题。

（三）信息化建设与数据管理困境

虽然信息化技术在事业单位预算管理中得到了一定的应用，但仍存在一些问题。一方面，部分事业单位的预算管理信息化系统功能不完善，无法满足预算管理的实际需求。例如，一些系统仅具备简单的预算编制和数据记录功能，缺乏数据分析、预测和预警等高级功能，难以对预算执行情况进行实时监控和有效管理。另一方面，数据管理也存在不足。预算管理涉及大量的数据，包括财务数据、业务数据、绩效数据等，但这些数据往往分散在不同的系统和部门中，缺乏有效的整合和共享。数据的准确性、完整性和一致性也难以保证，这给预算分析和决策带来了困难。此外，随着信息技术的不断发展，网络安全问题也日益突出，事业单位需要加强预算管理信息化系统的安全防护，防止数据泄露和系统被攻击。

二、预算管理面临的机遇

（一）国家治理现代化的推动

国家治理体系和治理能力现代化的推进为事业单位预算管理提供了良好的机遇。随着国家对公共资源配置和管理的重视程度不断提高，事业单位作为公共服务的提供者，其预算管理将得到更多的关注和支持。国家治理现代化要求建立科学、规范、透明的预算管理制度，这将促使事业单位加强预算管理的改革和创新。例如，国家对预算绩效管理的强调，将推动事业单位建立更加完善的绩效评价体系，提高预算资金的使用效益。同时，国家治理现代化也将促进事业单位与其他部门之间的协同合作，实现资源的优化配置和共享，为预算管理创造更好的外部环境。

（二）数字技术的发展与应用

大数据、人工智能、云计算等数字技术的快速发展为事业单位预算管理带来了新的机遇。大数据技术可以帮助事业单位收集、整理和分析大量的预算相关数据，挖掘数据背后的信息和规律，为预算编制、执行和评价提供更加准确的依据。例如，通过对历史预算数据和业务数据的分析，可以预测未来的预算需求和执行情况，提高预算的准确性和前瞻性。人工智能技术可以实现预算管理的自动化和智能化，如智能预算编制、预算执行预警等，提高预算管理的效率和质量。云计算技术则可以为事业单位提供更加便捷、高效的数据存储和处理服务，降低信息化建设和管理的成本。

（三）社会监督与公众参与意识增强

随着社会的发展和公众意识的提高，社会监督和公众参与在事业单位预算管理中的作用日益重要。公众对事业单位的预算资金使用情况越来越关注，要求事业单位提高预算透明度，接受社会监督。这将促使事业单位加强预算管理的公开和透明，规范预算编制和执行行为。同时，公众的参与也为事业单位预算管理提供有益的意见和建议，帮助单位发现问题和改进管理。例如，一些事业单位通过开展公众参与预算编制的活动，让公众参与到预算决策过程中，提高了预算的合理性和可行性，增强了公众对事业单位的信任和支持。

第二节　预算管理优化与突破的发展趋势

一、预算管理的智能化发展

（一）智能预算编制

随着人工智能和大数据技术的不断发展，预算编制将变得更加智能化。未来，事业单位可以利用智能算法对历史预算数据、业务数据以及外部市场数据等进行深度分析，预测未来的预算需求。例如，通过分析过去几年的科研项目预算执行情况、科研成果产出以及市场上科研设备和材料的价格波动，智能系统可以精准地预测下一年度科研项目所需的资金。同时，智能预算编制系统可以根据单位的战略目标和业务重点，自动生成合理的预算分配方案，提高预算编制的效率和准确性。此外，系统还能够实时根据新的信息和变化进行调整，使预算更具灵活性和适应性。

（二）智能预算监控

智能化的预算监控将成为趋势。利用物联网、传感器等技术，实时采集预算执行过程中的各种数据，如资金支出的时间、金额、用途，设备的使用情况等。通过对这些数据的实时分析，智能系统可以及时发现预算执行过程中的异常情况，如超预算支出、预算执行进度滞后等，并自动发出预警信号。例如，当某一项目的费用支出超过预算的一定比例时，系统会立即通知相关负责人，以便及时采取措施进行调整。同时，智能监控系统还可以对预算执行数据进行深入挖掘，分析预算执行偏差的原因，为预算调整和决策提供有力支持。

（三）智能绩效评价

在预算绩效评价方面，智能技术也将发挥重要作用。通过建立智能绩效评价模型，结合大数据分析和机器学习算法，对预算项目的绩效进行全面、客观的评价。评价指标不仅包括传统的财务指标，还将涵盖社会效益、环境效益、服务对象满意度等非财务指标。例如，对于一个文化事业单位的文化活动项目，智能绩效评价模型可以通过分析参与活动的人数、观众的反馈评价、媒体的报道热度等数据，综合评估项目的绩效。此外，智能绩效评价系统还可以根据评价结果，为下一年度的预算编制提供智能建议，实现预算绩效的持续改进。

二、预算管理与业务深度融合

（一）业财融合的深化

未来，事业单位将更加注重预算管理与业务的深度融合，实现业财一体化。财务部门将深入参与业务流程，从业务的规划、立项到执行的全过程，提供财务支持和决策建议。例如，在科研项目的立项阶段，财务部门可以与科研团队共同进行成本效益分析，评估项目的可行性和预期收益，确保项目在预算范围内进行。同时，业务部门也将更加积极地参与预算管理，根据业务实际情况提供准确的预算需求信息，协助财务部门制定合理的预算方案。通过业财融合，使预算管理更加贴近业务实际，提高预算的准确性和可行性。

（二）基于业务的预算调整

随着业务的不断变化和发展，预算管理将更加灵活地进行基于业务的调整。当业务发生变化时，如项目进度的调整、业务范围的拓展或收缩等，预算都能够及时进行相应的调整。例如，某事业单位的一项社会服务项目，由于政策的变化或社会需求的改变，需要调整服务内容和方式，预算也将随之进行调整，确保资金的合理使用。同时，通过建立业务与预算之间的动态关联机制，实现预算的实时跟踪和调整，提高预算对业务变化的适应性。

（三）业务驱动的预算绩效提升

预算管理将以业务为驱动，通过优化业务流程和资源配置，提升预算绩效。事业单位将更加关注业务目标的实现，以业务绩效为导向来管理预算。例如，对于教育事业单位，将以提高学生的综合素质和教育质量为业务目标，通过合理安排教学资源、优化课程设置等业务措施，来提升预算资金的使用效益，实现预算绩效的提升。同时，通过对业务绩效的评估和分析，及时发现预算管理中存在的问题，进一步优化预算管理策略。

三、预算管理的精细化与标准化

（一）预算项目的精细化管理

未来，事业单位将对预算项目进行更加精细化的管理。从预算项目的立项、预算编制、执行到评价的全过程，都将进行细致的规划和管理。在立项阶段，对项目的必要性、可行性和预期效益进行深入分析；在预算编制阶段，将预算项目细化到具体的支出科目和金额，明确各项支出的用途和标准；在执行阶段，对项目的进度和资金使用情况进行实时监控，确保项目按照预算计划进行；在评价阶段，对项目的绩效进行全面、深入地评估，总结经验教训，为下一次项目预算提供参考。例如，对于一个基础设施建设项目，将对项目的各个环节，如设计、施工、采购等进行精细化管理，确保项目的质量和预算的控制。

（二）预算标准体系的完善

建立健全完善的预算标准体系是预算管理精细化和标准化的重要保障。事业单位将根据自身的业务特点和管理需求，制定详细的预算标准，包括人员经费标准、公用经费标准、项目经费标准等。例如，制定统一的办公设备采购标准，明确不同类型办公设备的采购价格区间和配置要求；制定人员薪酬标准，根据岗位和职责的不同，确定合理的薪酬水平。通过完善预算标准体系，使预算编制更加科学、合理，提高预算的可比性和透明度。

（三）内部控制的精细化

加强内部控制是实现预算管理精细化的重要手段。未来，事业单位将进一步完善内部控制制度，对预算管理的各个环节进行严格的监督和控制。建立健全预算审批制度、资金管理制度、绩效评价制度等，明确各部门和人员在预算管理中的职责和权限。同时，加强内部审计和监督，定期对预算管理工作进行检查和评估，及时发现和纠正存在的问题。例如，通过内部审计，检查预算执行是否符合规定，是否存在违规支出等问题，确保预算管理的合规性和有效性。

四、预算管理的开放与协同

（一）内部协同合作

事业单位内部各部门之间的协同合作将更加紧密。预算管理不再是财务部门的单独工作，而是需要各个部门的共同参与和协作。例如，在预算编制阶段，业务部门、财务部门、人力资源部门等将共同参与，根据各自的职责和业务需求，提供相关信息和建议，共同制定预算方案。在预算执行阶段，各部门将密切配合，及时沟通预算执行情况，共同解决预算执行中出现的问题。通过内部协同合作，提高预算管理的效率和效果，实现单位整体目标的达成。

（二）外部合作与资源共享

事业单位将加强与外部机构的合作，实现资源共享和优势互补。例如，与其他事业单位、企业、社会组织等合作开展项目，共同筹集资金、共享资源。同时，可以与政府部门、行业协会等加强沟通和交流，获取政策支持和行业信息。例如，某科研事业单位与企业合作开展科研项目，企业提供资金和技术支持，科研事业单位提供科研资源和人才，实现双方的互利共赢。此外，通过与外部机构的合作，还可以借鉴其他单位的先进经验和管理模式，提升自身的预算管理水平。

（三）预算信息的开放与透明

预算信息的开放和透明将成为趋势。事业单位将进一步提高预算信息的公开程度，除了按照规定公开必要的预算收支情况外，还将公开预算编制的依据、绩效目标、预算执行进度以及绩效评价结果等详细信息。通过单位官网、政务公开平台等渠道，让公众能够方便地获取预算信息，加强社会监督。同时，开放的预算信息也有助于事业单位之间的交流和学习，促进预算管理水平的整体提升。

五、预算管理的可持续发展导向

（一）资源的可持续利用

未来，事业单位的预算管理将更加注重资源的可持续利用。在预算编制和执行过程中，将充分考虑资源的有限性和环境的承载能力，合理安排预算资金，支持资源节约和环境保护项目。例如，在办公设备采购方面，优先选择节能、环保型设备；在项目预算安排上，加大对可再生能源利用、节能减排等项目的支持力度。通过预算管理的引导，促进事业单位实现资源的可持续利用，减少对环境的影响。

（二）长期战略与短期预算的平衡

事业单位将更加注重长期战略与短期预算的平衡。在制定预算时，不仅要考虑当前的业务需求和资金状况，还要结合单位的长期发展战略，合理安排预算资金。例如，对于一些需要长期投入的项目，如人才培养、科研创新等，要在预算中给予持续的支持，确保项目的顺利进行。同时，也要根据短期的业务目标和市场变化，对预算进行适当的调整和优化，实现长期战略与短期预算的有机结合。

（三）社会责任的履行

预算管理将更加关注事业单位的社会责任履行。事业单位作为公共服务的提供者，肩负着重要的社会责任。在预算管理中，将把社会责任的履行纳入考虑范围，通过预算资金的安排，支持社会公益事业、促进社会公平正义等。例如，教育事业单位可以通过预算安排，加大对贫困地区教育的支持力度，提高教育的公平性；医疗卫生事业单位可以增加对基层医疗服务的投入，提高医疗服务的可及性。通过预算管理的引导，推动事业单位更好地履行社会责任，实现社会效益的最大化。

第三节　预算管理改革的长远规划与建议

一、长远规划

（一）建立战略导向的预算管理体系

在未来5~10年内，事业单位应逐步构建起以战略为导向的预算管理体系。首先，明确单位的长期发展战略，包括业务拓展方向、服务质量提升目标、人才培养计划等。然后，将战略目标细化为具体的、可量化的绩效指标，并与预算编制紧密结合。例如，对于文化事业单位，若其战略目标是在 10 年内成为区域文化创新的引领者，那么在预算编制时，应重点支持文化创新项目、人才培养项目以及文化交流活动等，并设定相应的绩效指标，如创新文化作品的数量、人才培养的成果转化率等。通过这种方式，确保预算资金的分配和使用与单位的战略目标相一致，提高资源配置的效率和效果。

（二）实现预算管理的智能化转型

未来 3~5 年，加大对预算管理信息化建设的投入，推动预算管理向智能化方向发展。建立涵盖预算编制、执行、监控、评价等全流程的智能预算管理系统。利用大数据分析技术，对历史预算数据、业务数据以及外部市场数据进行深度挖掘和分析，为预算决策提供更准确的依据。例如，通过分析历年的财政拨款数据、项目支出数据以及行业发展趋势，预测未来的预算需求和资金缺口。同时，引入人工智能技术，实现预算编制的自动化、预算执行的实时预警以及绩效评价的智能化。在 5~10 年内，使智能预算管理系统成为事业单位预算管理的核心工具，提高预算管理的效率和科学性。

（三）强化预算绩效管理的深度与广度

在未来 3~5 年，进一步完善预算绩效管理制度，明确绩效目标设定、绩效监控、绩效评价以及评价结果应用的具体流程和标准。扩大绩效评价的范围，将更多的预算项目纳入绩效评价体系，不仅关注项目的经济效益，更注重社会效益、环境效益等方面。例如，对于教育事业单位，除了评价教学项目的成本效益外，还应评价学生的综合素质提升、社会对教育的满意度等指标。在 5~10 年内，建立起全面、科学、有效的预算绩效管理体系，使绩效评价结果真正成为预算调整、资源配置以及单位考核的重要依据，推动事业单位提高预算资金的使用效益。

二、建议

（一）加强人才队伍建设

预算管理改革的顺利实施离不开高素质的人才队伍。建议事业单位加强对预算管理人员的培训和教育，提高其专业素质和业务能力。定期组织预算管理人员参加专业培训课程、研讨会和学术交流活动，学习先进的预算管理理念、方法和技术。例如，开展大数据分析、人工智能在预算管理中的应用培训，提升管理人员的数据处理和分析能力。同时，引进具有丰富预算管理经验和专业知识的人才，充实预算管理队伍。此外，鼓励预算管理人员进行自我学习和创新，不断提升自身的综合素质，以适应预算管理改革的需要。

（二）完善制度保障体系

建立健全预算管理制度是预算管理改革的重要保障。建议事业单位根据国家相关法律法规和政策要求，结合自身实际情况，制定完善的预算管理制度。明确预算编制、执行、监控、评价等各个环节的职责和权限，规范预算管理流程。例如，制定预算编制管理办法、预算执行监控实施细则、预算绩效评价管理办法等。同时，加强制度的执行和监督，建立健全内部审计和监督机制，定期对预算管理制度的执行情况进行检查和评估，确保制度的有效实施。对于违反预算管理制度的行为，要严肃追究责任，维护制度的严肃性和权威性。

（三）强化信息化支撑

信息化技术是实现预算管理改革目标的重要手段。建议事业单位加大对预算管理信息化建设的投入，完善预算管理信息系统。提高系统的稳定性、安全性和易用性，实现预算管理全流程的信息化操作。例如，实现预算编制的在线化、预算执行的实时监控和预警、绩效评价的自动化等功能。同时，加强数据管理，建立统一的数据标准和数据共享平台，整合与预算管理相关的数据资源，提高数据的质量和利用效率。此外，关注信息技术的发展趋势，及时更新和升级预算管理信息系统，以适应不断变化的预算管理需求。

（四）加强沟通与宣传

预算管理改革涉及事业单位的各个部门和全体员工，需要加强沟通与宣传，提高员工对改革的认识和支持度。建议事业单位通过内部会议、培训讲座、宣传资料等多种形式，向员工宣传预算管理改革的目的、意义、内容和要求。例如，组织预算管理改革专题培训，向员工详细介绍新的预算管理制度和流程，解答员工的疑问。同时，加强与员工的沟通和交流，听取员工的意见和建议，及时解决员工在改革过程中遇到的问题。通过加强沟通与宣传，营造良好的改革氛围，确保预算管理改革的顺利推进。

参考文献

[1] 李雅倩. 基于平衡计分卡的行政事业单位预算管理绩效评价研究——以 G 省地震局为例 [J]. 中国乡镇企业会计，2024（11）：68-70.

[2] 曾露萍. 以预算绩效管理为抓手　提高行政事业单位财务管理水平 [J]. 审计与理财，2023（3）：51-52.

[3] 张国华. 事业单位预算绩效管理的难点以及对策探讨 [J]. 中国民商，2023（1）：37-39.

[4] 汪蕊. 事业单位全面实施预算绩效管理探讨——以 X 公益一类事业单位为例 [J]. 行政事业资产与财务，2023（1）：28-30.

[5] 魏娟，马利，李煜，等. 以全面预算绩效管理助力事业单位高质量发展 [J]. 财经界，2023（21）：33-35.

[6] 金波. 行政事业单位以内部控制推进预算绩效管理研究 [J]. 行政事业资产与财务，2023（22）：49-51.

[7] 张政斌. 以农业科研单位为例，谈谈科研事业单位如何实施预算绩效管理 [J]. 商业观察，2023，9（31）：57-60.

[8] 乐凤. 航海保障事业单位全面预算绩效管理探析——以 X 事业单位为例 [J]. 投资与创业，2023，34（14）：142-144.

[9] 王浩莉. 行政事业单位强化预算绩效管理过好紧日子路径探析 [J]. 中国农业会计，2025，35（1）：29-32.

[10] 逯泽北. 优化全面预算绩效管理推进事业单位高质量发展 [J]. 中国乡镇企业会计，2025（2）：118-120.

[11] 张瑜. 新预算法下行政事业单位绩效管理与绩效评价 [J]. 中国乡镇企业会计，2025（1）：201-203.

[12] 刘建娥. 新时期完善事业单位预算绩效管理的举措 [J]. 中国价格监管与反垄断，2025（1）：113-115.

[13] 廖乘利. 新时代科研事业单位预算绩效管理现状及对策建议——以四川省为例 [J]. 经济师，2024（9）：62-63.

[14] 倪秀洪. 行政事业单位预算绩效管理体系的构建策略 [J]. 中国农业会计，2025，35（1）：39-41.

[15] 陈宝琦. 完善行政事业单位预算绩效管理路径探析——以 A 区住房建设和交通局为例 [J]. 商情，2024（34）：73-76.

[16] 赵晶. 内部控制视角下对行政事业单位预算绩效管理的思考 [J]. 管理学家，2024（14）：91-93.

[17] 汪陈俊. 事业单位预算绩效管理策略 [J]. 管理学家，2024（3）：88-90.

[18] 陈清. 事业单位实施预算绩效管理的思考——以 J 省某事业单位为例 [J]. 商业故事，2023（14）：127-129.

[19] 孙阿宁. 基层行政事业单位预算绩效管理存在问题及对策探讨 [J]. 西部财会，2024（5）：4-6.

[20] 孔佳佳. 行政事业单位预算绩效管理关键环节分析 [J]. 财讯，2024（1）：17-19.

[21] 苏毅萍. 基于业财融合的事业单位预算绩效管理要点研究 [J]. 财会学习，2024（33）：89-91.

[22] 房欣欣. 绩效导向下的行政事业单位预算管理模式创新 [J]. 当代会计，2024（17）：166-168.

[23] 高世方. 谈事业单位预算绩效管理的优化路径 [J]. 财经界，2024（6）：45-47.

[24] 赵爱丽. 事业单位全面推进预算绩效管理的难点与应对措施 [J]. 管理学家，2024（3）：10-12.

[25] 张永艳. 浅析全额拨款事业单位的预算绩效管理 [J]. 中国乡镇企业会计，2024（3）：46-48.

[26] 王治宇. 基于预算一体化下科研事业单位预算管理与绩效评价探究 [J]. 财经界，2024（32）：24-26.

[27] 胡红艳. 科研事业单位预算绩效管理实践探析 [J]. 财会学习，2024（2）：71-73.

[28] 樊俊宜. 基于业财融合的事业单位预算绩效管理研究 [J]. 财会学习，2024（5）：55-57.

[29] 范依灵 . 行政事业单位预算绩效管理存在的问题及对策分析 [J]. 中国农业会计，2024，34（7）：46-48.

[30] 杨志敏 . 事业单位全面实施预算绩效管理的难点与策略探讨 [J]. 财会学习，2024（5）：58-60.

[31] 段震霆 . 大数据视角下事业单位预算绩效管理的优化路径 [J]. 国际商务财会，2024（1）：47-49，59.

[32] 任凯敏 . 预算一体化背景下事业单位全面实施预算绩效管理的路径探析 [J]. 中国乡镇企业会计，2024（7）：36-38.

[33] 杨婧 . 行政事业单位全面实施预算绩效管理探讨 [J]. 财经界，2024（26）：69-71.

[34] 杨娇 . 行政事业单位预算绩效管理研究 [J]. 财会学习，2024（7）：64-66.

[35] 张玉凤 . 行政事业单位预算绩效目标管理问题及对策分析 [J]. 中国乡镇企业会计，2024（5）：129-131.

[36] 王蓉蓉 . 行政事业单位预算绩效管理问题研究 [J]. 行政事业资产与财务，2024（8）：4-6.

[37] 崔洁 . 内部控制下事业单位预算绩效管理策略探究 [J]. 财会学习，2024（4）：50-52.

[38] 胡敏 . 行政事业单位全面实施预算绩效管理的思路探析 [J]. 投资与创业，2024，35（13）：164-166.

[39] 夏吟，王爱辰 . 中央级农业科研事业单位在预算一体化背景下的绩效管理探析 [J]. 中国农业会计，2024，34（9）：65-68.

[40] 张琪琪 . 事业单位预算管理与绩效管理深度融合路径探究 [J]. 财经界，2024（31）：84-86.